EL VUELO *del* TOCORORO

BETTY VIAMONTES
SUSANA JIMÉNEZ-MUELLER

Libro traducido por SusanasBooks LLC y Zapote Street Books LLC
Libro editado por Maritza Rodriguez Cianferra y Vilma Pérez
Diseño de cubierta y formato por SusanasBooks LLC
Publicado por Zapote Street Books LLC
Tampa, Florida, United States of America.
https://www.facebook.com/betty.viamontes
https://www.instagram.com/bettyviamontes/
www.Instagram.com/susanasbooks
www.facebook/susanasbooks

Todas las historias se basan en hechos reales. Con el fin de preservar la privacidad, ciertos nombres han sido cambiados.
Sujetos: Alzheimer's | Amor | Cuba | Cultura | Ejército | Enfermedad mental | Familia | Guerra | Historias reales | Inmigración | Lidiando con suicidio | Madre | Memorias | Miedo | Mujer | Padre | Pérdida | Raíces | Secretos | Sobrevivir | Venezuela | Vida |

DEDICATORIA

Esta antología está dedicada a nuestras familias, a los emigrantes de todo el mundo y a las personas que luchan por encontrar la inspiración para comenzar de nuevo.

PREFACIO

Estas historias personales han sido escritas a través de los años. El compartirlas nace de la necesidad de contar las vivencias en el exilio y en la Cuba que dejamos atrás para que sirvan para conectarnos con todo aquél que una vez dejó a su tierra natal para recomenzar de nuevo.

El vuelo del tocororo representa el espíritu de libertad de un pueblo, tal como el del ave nacional de nuestra isla.

"No es posible mantener a esta ave en cautiverio. Cuando un tocororo es enjaulado, deja de cantar, deja de comer, pierde su precioso plumaje y lentamente se ve morir." (Daniel, 2020)

Betty Viamontes y Susana Jiménez-Mueller
Tampa, Florida
Febrero 2022

ÍNDICE

RECONOCIMIENTO

Las coautoras desean agradecerles a Vilma Pérez, Lissette Riley Maritza Rodriguez Cianferra, e Ivan Viamontes por apoyar la antología: El vuelo del tocororo.

Un agradecimiento especial a nuestros lectores por su patrocinio sin igual.

Buscando mis alas

por
Betty Viamontes

PREFACIO

El tocororo, el ave nacional de Cuba, se muere en cautiverio, pero cuando puede volar libremente, toda la felicidad del mundo brota a través de su plumaje multicolor.

Mientras vivía en Cuba, sin ninguna posibilidad de reunirme con mi padre en los Estados Unidos, jamás imaginé que algún día lograríamos escapar de la prisión en que se había convertido nuestro país. Como el tocororo, el ave nacional de Cuba que muere en cautiverio, mi familia se marchitaba lentamente sin libertad.

Doce años.

Toda una vida separada de mi padre.

Doce años viendo cómo mi madre moría un poco cada día y, al mismo tiempo, encontraba la fuerza para reinventarse una y otra vez, impulsada por el amor, la necesidad y el aliento de sus hijos.

Finalmente, tras una travesía en la que estuvimos a punto de perder la vida, alcanzamos la libertad. Yo tenía entonces quince años. No hablaba inglés. Cargaba heridas emocionales profundas y era incapaz de imaginar el futuro que me esperaba al otro lado del mar.

Aquella niña asustada no podía saber que el viaje en aquel barco camaronero le daría alas. Alas para reconstruirse. Alas para soñar. Alas para convertirse, años después, en la primera mujer en dirigir una organización sin fines de lucro como directora ejecutiva.

Pero antes de contar cómo llegué hasta allí, debo regresar al año 2019, a uno de los momentos más trascendentales y conmovedores de mi vida.

2019

Estoy de pie frente a una multitud de casi quinientas personas. Al fin comienzo mi discurso, pero apenas puedo distinguir más allá del escenario; las luces me ciegan. Sin embargo, sé que entre el público está mi familia. Algunos han viajado desde Miami y Orlando. Otros viven aquí, en Tampa. Pero la persona que hizo posible este momento no está entre ellos.

Tengo cincuenta y cuatro años, y un largo camino de amor, pérdida y perseverancia me ha traído hasta aquí. Esta noche recibo el reconocimiento como Mujer del Año de Tampa Hispanic Heritage, Inc. Los canales de televisión locales, personalidades de la radio y columnistas de periódicos me han entrevistado, permitiéndome dejar constancia de mi trayectoria en la historia de Tampa, Florida, la ciudad que orgullosamente llamo mi hogar.

Cuánto quisiera verla una vez más, aunque solo fuera por unos minutos. Mostrarle que, desde su partida, he trabajado más arduamente que nunca para hacerla sentir orgullosa de mí; para compartir su historia y ayudar a otros como ella me enseñó. No quería que el mundo olvidara lo que le ocurrió, ni lo que sufrieron tantos otros como ella. Y no pienso detenerme hasta verla representada en la gran pantalla.

Muchas personas me dijeron que estaba perdiendo el tiempo al publicar su historia.

—Nadie la leerá —me aseguraban.

Pero los lectores acogieron el libro con los brazos abiertos. Incluso un club de lectura de mujeres de las Naciones Unidas lo seleccionó para su programa de lectura.

Me tomó catorce años escribir aquel primer libro. Y una vez concluido, comenzó otra travesía: presentaciones públicas, entrevistas, firmas de libros y cartas de lectores cuyas vidas habían sido transformadas por el valor y la resiliencia de mi madre.

Aquellas cartas me cambiaron.

Me hicieron comprender que no podía dejar de escribir.

Diecisiete libros después —incluida esta colaboración entre dos mujeres cubanas que, contra todo pronóstico, lograron desplegar sus alas— entiendo que contar historias no es simplemente lo que hago. Es mi legado. Mi responsabilidad.

Un paso a la vez. Así sobrevivimos.

Miramos hacia atrás solo el tiempo necesario para reunir las fuerzas que nos permitieron seguir avanzando. Sin arrepentimientos. Nuestro pasado se convirtió en el precio que tuvimos que pagar para llegar a ser quienes somos.

Y, a pesar de todo lo que hemos alcanzado al encontrar la libertad, jamás hemos olvidado a quienes continúan sufriendo en la tierra donde nacimos.

Para la posteridad, para los hijos y nietos de inmigrantes en todas partes, esta es mi historia.

SOLA

Al salir de la escuela Zambrana en el barrio Santos Suárez de La Habana, Clarisa toma mis libros de texto, los coloca encima de los suyos y caminamos a casa. Vive a una cuadra de mí, en un edificio de apartamentos de tres pisos en la calle Zapote, y desde el primer día en que nos conocimos ha insistido en cargar mis libros. Es estudiante de tercer grado, mucho más alta que yo, con el pelo trenzado y las piernas de una corredora. Yo apenas estoy en primer grado y no soy lo suficientemente fuerte para sostener una carga tan pesada. El peso me lastima los brazos.

Cuando mi madre se enteró de que había permitido que otra niña hiciera lo que yo debía hacer, no estuvo nada contenta. La declaración de mi hermana de cinco años —"Mami, Betty cree que es una princesa. Siempre hace que la gente haga cosas por ella"— solo añadió leña al fuego.

—¡Eso no es cierto! —respondí—. Hacía calor y estaba cansada. Le di mis libros y le dije: "Aquí, toma estos". Ella es muy buena gente, así que lo hizo. Desde entonces, me los carga. ¿Qué tiene eso de malo?

—Debes cargar tus propios libros. La vida no siempre será fácil, ¿sabes? —respondió mamá.

No entendía por qué mamá hacía tanta algarabía por aquello. Me crucé de brazos, estampé los pies con firmeza contra el piso y las miré, a ella y a mi hermana menor, molesta.

Al día siguiente, cuando Clarisa se ofreció a cargar mis libros, las palabras de mi madre resonaron en

5

mis oídos: Debes cargar tus propios libros. Dudé un momento.

—Gracias. Creo que los llevaré yo misma —dije con un toque de autocompasión.

Clarisa no insistió. Caminó a mi lado y observó cómo los cambiaba de un brazo al otro, o los sujetaba con ambos brazos, tratando de distribuir el peso. Sonrió y no dijo nada.

El sol cocinaba las aceras rotas. La blusa blanca de mi uniforme escolar se pegaba a mi espalda mientras pasábamos frente a las antiguas casas de estilo colonial, todas en distintas etapas de deterioro. Estaba empapada en sudor y pensaba que en cualquier momento iba a desmayarme. Ni siquiera los flamboyanes, con sus vestidos anaranjados, podían protegerme del calor. Me temblaban las piernas. Si hubiera almorzado, tal vez no me sentiría así. Pero apenas comía. Se me había quitado el apetito desde que mi padre se fue a los Estados Unidos hacía tres años.

Mi madre intentaba alimentarme a la fuerza. Pero no funcionaba. La miraba con disgusto y escupía la comida. Para aumentar mi frustración, durante las últimas dos semanas me había servido chícharos en el almuerzo y en la comida.

—No hay mucha variedad en las tiendas. Come tu comida —me decía.

—¡Estoy cansada de comer chícharos, mamá! Estoy empezando a verlos hasta en mis sueños.

Ella me explicaba que eso era lo único que podía comprar con la libreta de abastecimiento que recibía del gobierno. Así que no teníamos más opción que conseguir comida en el mercado negro, a precios exorbitantes.

—¿Por qué no vas a casa de Elio, en Güira? Él puede darte viandas para que hagas ajiaco. Me gusta el ajiaco.

Era una de mis comidas favoritas. Mamá lo preparaba para mi hermano. Era una mezcla de todas las viandas que traía de la finca de Elio y cualquier carne que pudiera conseguir. Mi hermana y yo solo podíamos comer un poco, porque los ingredientes costaban mucho y mi hermano lo necesitaba más.

—¡Tu abuelo ha estado enfermo! Lo sabes bien.

Me encogí de hombros.

Elio, un campesino que vivía en Güira de Melena con su esposa, le vendía a mamá frutas y viandas que cultivaba en su finca. A veces, en vez de pagarle con dinero, ella le daba jabón que traía de La Habana. Mamá me decía que cada vez que iba a Güira y traía más de las veinticinco libras permitidas por el gobierno, corría el riesgo de ir a la cárcel o de que las autoridades le confiscaran las viandas. Pero siempre superaba el límite. Para evitar llamar la atención de la policía, repartía el peso entre nosotros. No le quedaba otra alternativa. Nos tomaba más de dos horas ir de La Habana al campo en autobús, sin contar todo lo que tenía que caminar para llegar a la casa de Elio, acompañada de sus tres hijos pequeños. Mi hermano, que padecía graves alergias alimentarias, se cansaba, y ella tenía que cargarlo. Otras veces hacía tanto calor que nos deteníamos en una de las casitas del camino para pedir un vaso de agua.

Me encanta visitar a Elio porque él y su esposa me dan los trozos de mamey y mango más dulces que he comido en la vida. Después de terminar mi pedazo, los miro, como esperando una segunda porción. —

¿Quieres otro pedazo? —me pregunta Elio. Sé que mamá no me deja pedirle nada a nadie, por lo que miro hacia el suelo, sabiendo que el segundo pedazo pronto seguirá. Estoy ansiosa de que mi abuelo mejore para que podamos regresar al campo. Mamá y él han estado muy tristes desde que mi abuela murió. Pero hay que seguir adelante.

A veces, los fines de semana, le pido a mamá que me compre una pizza en la Pizzería Sorrento, cerca de nuestra casa. Por un peso con veinte centavos podemos comprar una pizza personal que me encantaría co-merme yo sola. Pero mamá no me lo permite. Apenas gana cien pesos al mes trabajando en la bodega e insiste en que la comparta con mi hermana menor, Lissette, mientras ella comparte la suya con mi hermanito René.

Lástima que solo podamos darnos ese gusto una vez al mes.

La verdad es que casi nunca tengo hambre. Como cuando me apetece y nada más. Desde que mi padre se fue a los Estados Unidos hace tres años, he adelgazado tanto que ya me han llevado dos veces al hospital con neumonía. Yo tenía apenas tres años cuando se mar-chó. Según mamá, viajó a un lugar maravilloso y pronto nos reuniríamos con él. Ella estaba convencida de que nuestra separación sería breve. Pero poco después reci-bió una carta que la hizo llorar durante días, y desde entonces ya no habla de fechas ni de reencuentros. Ahora simplemente dice que no sabe cuándo volvere-mos a verlo.

Clarisa y yo estamos llegando a la esquina de Se-rrano y Zapote. Falta poco para llegar a casa.

Tengo ganas de contarle a mamá que hoy cargué mis propios libros y que saqué cien puntos en el examen de matemáticas. Sé que eso la hará sonreír. Le hace falta una razón para sonreír. Últimamente llega del trabajo cansada y preocupada, como si llevara encima un peso que nadie más puede ver.

Me despido de Clarisa y subo los cinco escalones de azulejos que conducen al portal de la vieja casa colonial donde vivimos. Empujo la puerta y llamo a mamá.

No sé si estará en casa. Trabaja muchas horas. A veces deja tareas a sus alumnos y regresa temprano para prepararnos la comida. Por suerte, la escuela donde enseña está a media cuadra de aquí.

Pero hoy nadie responde.

Entro a la sala y camino hacia el pequeño comedor. El calor se siente atrapado entre las paredes. Todas las ventanas están cerradas.

—¿Mamá?

Silencio.

Estoy a punto de llamarla otra vez cuando percibo un olor extraño en el aire. No logro identificarlo. Frunzo el ceño y avanzo unos pasos más. Entonces escucho algo que me detiene.

Alguien está llorando.

—¿Mamá?

Esta vez sigo el sonido.

Sé que voy a alegrarla cuando le cuente mis noticias. Estoy segura de que dejará de llorar. Por eso me apresuro hacia su habitación.

Pero en cuanto cruzo la puerta, mi sonrisa desaparece.

Durante unos segundos no entiendo lo que estoy viendo.

Luego el olor se vuelve más fuerte.

Querosén.

Reconozco ese olor. Es el combustible que usamos para las lámparas chinas cuando se va la electricidad.

Mamá está sentada en la cama.

Su cabello está empapado.

También su ropa.

A su lado hay una botella vacía.

Y en su mano sostiene una caja de fósforos.

Levanta la vista hacia mí. Tiene el rostro cubierto de lágrimas.

—Perdóname, Betty.

Todo ocurre muy rápido.

No pregunto por qué.

No pienso.

Solo sé que, si me quedo quieta un instante más, algo terrible va a suceder.

Corro hacia ella y le arrebato los fósforos de la mano. Después doy media vuelta y salgo de la habitación tan deprisa que casi tropiezo. Las lágrimas me nublan la vista mientras atravieso la casa y corro hacia la calle.

Mis tíos no están. Mi hermano y mi hermana acompañaron a mi abuela al médico. No hay nadie de la familia que pueda ayudarme.

Tengo que encontrar a alguien.

Golpeo la puerta de la casa vecina con todas mis fuerzas.

—¡Por favor! ¡Ayuden a mi mamá!

Sigo golpeando mientras grito. Una puerta se abre. Luego otra. Los vecinos comienzan a salir de sus casas.

Cuando regreso corriendo a la nuestra, varios vienen detrás de mí. Intento entrar, pero una vecina me toma de la mano y me obliga a quedarme afuera. No importa cuánto me resista. No me deja pasar.

Así que espero.

Tiemblo tanto que apenas puedo mantenerme de pie.

Las lágrimas me corren por las mejillas mientras camino de un lado a otro por el portal.

Entonces recuerdo las palabras de mamá aquella mañana.

Debes cargar tus propios libros.

Bajo la mirada.

Y por primera vez comprendo que no estaba hablando solamente de los libros.

Papá se fue cuando yo era pequeña. Desde entonces he visto a mamá luchar cada día para mantenernos unidos, para alimentarnos, para seguir adelante aun cuando la tristeza parecía más fuerte que ella. Ahora, mientras espero noticias al otro lado de esa puerta, entiendo que hay dolores que nadie puede cargar por nosotros.

No quiero perderla.

No quiero que se vaya también.

Pero tampoco quiero que sepa cuánto miedo tengo.

Así que me quedo callada.

Y mientras aprieto las manos contra mi falda y observo el suelo bajo mis pies, tomo una decisión que me acompañará durante muchos años: no le contaré a nadie lo que vi aquella tarde.

Llevaré ese recuerdo conmigo, igual que llevé mis libros de regreso a casa.

Sola.

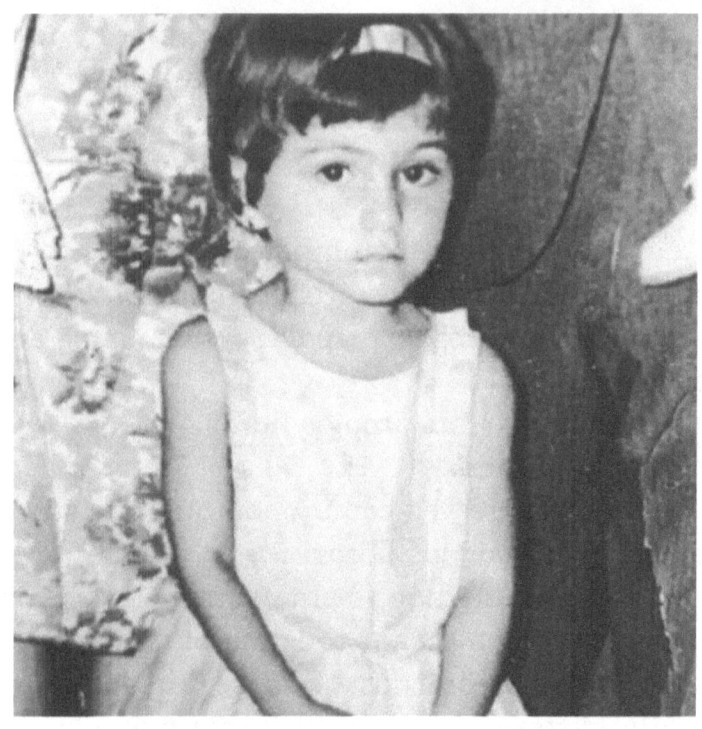

MIS QUINCE

Estoy de pie frente al espejo, en esta noche fresca de febrero, mientras Mamá me empolva la cara.

—Mamá, necesito salir. ¡La gente está esperando!

—Betty, deja de apresurarme. Quiero que las fotos que le voy a enviar a tu padre sean perfectas.

Betty. Así me llama ella, aunque mi nombre es Beatriz, un nombre que, según mi abuela paterna, significa "portadora de alegría". En este momento, no estoy muy segura de estar trayéndole alegría a nadie, especialmente a mamá.

—¡Estoy cansada de estar encerrada en esta habitación! —protesto, agitando las manos y admirando mis uñas largas, recién pintadas.

Mamá me ignora y se concentra en alisar una vez más las arrugas invisibles de mi vestido.

Apenas me reconozco.

El maquillaje ha borrado las marcas rojizas que quedaron después de siete tratamientos para el acné en el salón de belleza. Mi piel luce impecable. Una fina línea negra resalta mis ojos color avellana y, por primera vez en mucho tiempo, me siento bonita.

Pero temo que la sensación sea pasajera.

Como en el cuento de La Cenicienta.

Mamá me llevó a uno de los mejores salones de belleza de La Habana. Cuando le pregunté por qué ella no se arreglaba allí también, me respondió que costaba demasiado dinero. Así que, al regresar a casa, se puso los rolos y se peinó sola.

Del otro lado de la puerta, la casa rebosa de música,

risas y conversaciones. Decenas de adolescentes esperan mi entrada al patio para celebrar mis quince años. Mi cumpleaños fue el viernes, pero la fiesta es hoy.

No he cambiado mucho desde que mi padre se fue a los Estados Unidos once años y cuatro meses atrás. Mamá lleva la cuenta con precisión. Cada mes añade otro número a la larga espera que se ha convertido en nuestras vidas.

Él sigue allá.

Nosotros seguimos aquí.

En Cuba, una isla que se deteriora poco a poco, como un zapato viejo que nadie puede reemplazar.

Pero hoy no quiero pensar en eso.

Por primera vez en mucho tiempo me siento feliz.

Resplandezco como una lámpara china durante un apagón.

Para esta fiesta, mamá ha cuidado cada detalle. Los cisnes de azúcar que adornan el cake, el fotógrafo encargado de documentarlo todo, las flores, la música e incluso la casa donde se celebra la recepción.

Nuestra vivienda, con los techos agrietados sostenidos por trozos de madera, no está en condiciones de recibir a tantos invitados. Por eso Amparo, la profesora de bailes españoles del barrio, nos ofreció la suya.

Su casa parece un museo.

Construida a finales del siglo XIX, es una joya de otra época. Los pisos de mosaico brillan como si acabaran de ser pulidos. Los cubrecamas dorados y rojos, enviados por familiares desde los Estados Unidos, adornan las habitaciones. Ramos de flores frescas ocupan cada rincón.

Siempre he pensado que Amparo debe tener parientes ricos en el extranjero.

O tal vez simplemente sintió compasión por mamá después de verla criar sola a tres hijos durante tantos años.

Sea cual sea la razón, nunca olvidaré su generosidad.

Mamá no me permite salir del dormitorio hasta asegurarse de que cada rizo esté en su lugar.

Cuando finalmente cruzo la puerta, envuelta en mi vestido largo de muselina, todas las conversaciones parecen detenerse.

Las miradas se vuelven hacia mí.

Algunas personas sonríen.

Otras se quedan boquiabiertas.

Entonces cambia la música.

Comienza a sonar una canción lenta de los Bee Gees y me conducen al centro del patio para bailar con un muchacho que conocí apenas unos días atrás. Su padre pertenece al Partido Comunista y es el único hombre del vecindario que posee un traje. Al menos eso fue lo que me explicó mamá.

Mientras bailamos, distingo a mi novio entre la multitud.

Me observa.

Yo le susurro desde lejos:

—Lo siento.

La brisa fresca de febrero juega con mi cabello y trae consigo el aroma de los jazmines. Lo reconozco enseguida. La noche anterior, mi novio recogió varios para regalármelos.

Me habría gustado bailar con él.

Pero mamá insiste en que no está vestido para una ocasión tan importante.

Mientras giro entre las seis parejas que participan en

la coreografía, mis largos rizos castaños rebotan sobre mis hombros.

Más tarde, mi hermana me dirá que parecía una aristócrata de la Cuba de antes.

Después de unos minutos, la música se detiene.

El silencio dura apenas un instante.

Entonces comienzan a sonar los primeros acordes de *De Niña a Mujer*, una canción muy popular entre las familias cubanas de Miami para celebrar los quince años. Tradicionalmente, la joven la baila con su padre, porque habla de la mezcla de orgullo y nostalgia que sienten los padres al ver a sus hijas convertirse en mujeres.

Pero mi padre no está aquí.

Hace once años y cuatro meses que no está aquí.

Por eso quien se acerca para bailar conmigo es mi tío.

El único padre que he conocido durante la mayor parte de mi vida.

Sus manos están frías y húmedas cuando toma las mías.

Mientras giramos lentamente por el patio, lo veo secarse una lágrima.

No entiendo por qué llora.

Llegó a vivir con nosotros cuando yo tenía cinco años, después de casarse con mi tía. Desde entonces, ambos se han convertido en una parte esencial de mi vida. Me ayudan con las tareas, me compran regalos cuando pueden y, de vez en cuando, me invitan a comer pizza.

Incluso intenté enseñarle a bailar.

Sin mucho éxito.

Mi tío es un ratón de biblioteca. Usa gafas grandes,

lee todo lo que cae en sus manos y siente una fascinación especial por los libros de ingeniería.

También tiene una costumbre que debe mantener en secreto.

Por las noches escucha La Voz de las Américas en una habitación sin ventanas.

A veces me siento a su lado.

Escuchamos juntos. Nunca se lo cuento a nadie.

Si algún vecino lo denunciara, podría meterse en problemas.

Para él, aquella emisora es una ventana a un mundo diferente. Un lugar donde el gobierno no controla lo que la gente escucha, lee o dice.

Un lugar donde las personas pueden expresar sus ideas sin miedo.

Un lugar que, aunque todavía no lo sé, terminará cambiando nuestras vidas para siempre. Aunque la vida de mi tío cambiará de una manera distinta.

Lo admiro mucho, pero a veces hace cosas extrañas porque vive refugiado en su propio mundo. Le gusta tanto leer que el otro día casi lo atropella un automóvil mientras cruzaba la calle con la vista clavada en un libro. No era la primera vez. Ya le había ocurrido dos veces en los últimos dos años.

Pero volvamos a mi fiesta.

Mamá no se relaja durante toda la celebración. Coordina las fotos que toma el fotógrafo como si llevara una lista mental: una con los dueños de la casa, otra con mi abuela, otra con mis hermanos y ella. Pierdo la cuenta de cuántas más toma mientras la multitud se agrupa a nuestro alrededor. Todo aquello debe estar costándole una fortuna.

Después de un rato, deja de permitir la entrada de

más muchachos al patio.

—La casa está demasiado llena y nos vamos a quedar sin comida —me dice, al darse cuenta de que varias personas que no habían sido invitadas se están colando sin ninguna vergüenza.

Durante la fiesta, mamá me hace cambiar de atuendo varias veces. Todos los vestidos los envió mi padre desde los Estados Unidos; vestidos a los que nadie en mi vecindario tiene acceso. Me siento especial.

Esta noche ha tardado años en hacerse realidad. Solo alguien como mamá podría haberla logrado. La gente dice que la necesidad es la madre de la invención, y mamá es una maestra del invento.

En un país donde tener un negocio es ilegal, ella compra lápices para los ojos en el mercado negro por un peso y los vende por veinte. La gente cree que mi padre se los envía desde los Estados Unidos, por eso no les importa pagar tanto por ellos. Mamá no les revela la verdad. Dice que cada cual tiene derecho a pensar lo que quiera.

Durante ocho horas al día camina de bodega en bodega recogiendo el dinero recaudado para llevarlo a una oficina central. Además, trabaja cuatro horas diarias como maestra. Al verla trabajar tanto, siento una profunda admiración por ella. Salvo sacarnos de Cuba, parece que no hay nada que no pueda hacer.

A estas alturas, creo que ha renunciado al sueño de reunirse con mi padre en los Estados Unidos. No me lo ha dicho, pero ya no llora tanto como antes.

Después de mi cumpleaños, la vida en casa vuelve a la normalidad, aunque es evidente que las condiciones en Cuba tienen a la gente cada vez más inquieta. Eso es lo que mamá me cuenta. También dice que, todos los días, más amigos suyos hablan de irse. Otros han perdido la esperanza por completo. En el último año, dos conocidos se suicidaron. Uno saltó desde un edificio de apartamentos en nuestro barrio de Santos Suárez. El otro se prendió fuego.

Aquello me trae recuerdos que he tratado de enterrar, pero olvidar no es fácil.

Una pesadilla recurrente comienza a atormentarme. Me veo encerrada dentro de una caja, como las que dibujamos en la clase de geometría. La caja se va encogiendo poco a poco, y justo cuando está a punto de aplastarme como a un insecto, despierto empapada en sudor.

Nunca se lo he contado a nadie.

Ni siquiera a mi novio.

Un domingo por la tarde, a mediados de marzo, cuando regresamos de la playa, el descontento del pueblo se materializa frente a nosotros. Hasta ese día, nunca había visto a Fidel Castro en persona. De pronto, nuestro autobús se detiene y la gente empieza a gritar:

—¡Es Fidel! ¡Está detrás de nosotros, en un jeep!

Todos nos apresuramos hacia la parte trasera del autobús para verlo.

—¡Es él!

Veo al hombre que ha hecho llorar tanto a mi madre durante todos estos años. Está detrás de un cristal semioscuro, y cuando alcanzo a distinguir su rostro barbudo, cierro los puños con rabia. Guardias armados rodean su jeep.

En las calles, la gente se reúne con carteles y estalla en consignas y protestas por la falta de libertad y las escasas raciones de alimentos. Hasta ese día, nadie se había atrevido a hablar así. Es evidente que algo grande está comenzando. Incluso dentro del autobús, las personas discuten entre sí. Frente a mis ojos, el miedo del pueblo a decir lo que siente recibe un golpe del que tal vez no pueda recuperarse.

Dos semanas después, el 1 de abril de 1980, un acontecimiento explosivo lo cambia todo.

Cansados de las promesas vacías y de mejoras que nunca llegan, un grupo de hombres y mujeres conduce un autobús a través de las puertas de la embajada del Perú en La Habana para pedir asilo político. Fidel Castro exige a los funcionarios de la embajada que entreguen a los "delincuentes" a las autoridades. Ellos se niegan. En represalia, Castro retira a los guardias de la entrada.

De la noche a la mañana, miles de personas de todas las edades inundan la embajada, provocando una crisis humanitaria sin precedentes cuando comienzan a escasear los alimentos y el agua.

Mi barrio está agitado. La gente corre a mi casa y le dice a mamá:

—Si vas a la embajada, yo también voy.

Pero ella tiene miedo de llevar a sus hijos a un lugar tan inestable, así que decide quedarse en casa.

A medida que pasan los días, los rumores crecen. Personas del vecindario empiezan a desaparecer. Todos sabemos dónde están.

Después de un tiempo, Castro decide aliviar la presión interna de la isla. De lo contrario, podría perder el control del país, porque personas de todas las provincias siguen viajando a La Habana para pedir asilo en la embajada peruana.

Una noche, Castro anuncia algo inesperado por televisión: quienes estén en los Estados Unidos y deseen recoger a sus familiares por vía marítima pueden venir al puerto del Mariel.

Conmocionada, mamá le pregunta a mi tía Berta si ha escuchado bien. Mi tía asiente.

Mamá no pierde tiempo. Sale corriendo de la casa sin decirnos adónde va.

Dos noches después, mientras mi novio y yo nos despedimos en el portal, nos besamos sin darnos cuenta de que mi madre nos observa desde la ventana.

Nunca más lo volvería a ver.

Alrededor de las dos de la madrugada, unos golpes violentos en la puerta nos despiertan. Mi madre abre, todavía medio dormida después de una larga jornada de trabajo. Guardias armados irrumpen en la casa y nos ordenan vestirnos. Luego explican que mi padre nos espera en el puerto del Mariel.

No podremos llevarnos nada, nos dicen.

—¿Qué está pasando, mamá? —le pregunto.

—Solo vístete.

—Pero... nunca dijiste nada.

Me ignora y me pide que me apresure.

Momentos después, uno de los oficiales comienza a leer una lista de nombres. Escucho: Lissette, mi hermana; René, mi hermano; Milagros, mi madre; Justa Pastora, mi abuela; y Beatriz, yo.

Mis tíos no están en la lista.

Mamá no entiende por qué. Mi padre también los reclamó a ellos y a sus hijas. Discute con el oficial, pero tía Berta, despertada por los gritos, le pide que se vaya.

—Es tu turno de ser feliz —le dice—. No te preocupes por nosotros.

Entonces dejo todo atrás: mis diarios, aquellos que

me salvaron después de que mi madre intentara quitarse la vida; mi idioma español; mis amigos de la infancia; mi novio; y las dos personas que habían sido como mis padres durante más de diez años.

Esa noche, mi cuento de Cenicienta termina.

SE ESTÁN LLEVANDO A LOS NIÑOS

1980

Mamá gira la cabeza hacia nosotros, con una mirada de preocupación reflejada en su rostro.

—Se están llevando a los niños —me susurra.

Lissette, René y yo intercambiamos miradas.

Debe estar exagerando, me digo.

Entonces mis pensamientos vuelan hacia nuestra casa en la calle Zapote.

Me pregunto qué hará mi novio cuando descubra que me he ido. Me habría gustado despedirme de él. Se lo merecía. Siempre fue tan atento con mi familia. Cuando mi primita se enfermó y no teníamos malanga para hacerle sopa, consiguió un poco y nos la llevó. Mi tía Pilar estaba convencida de que una sopa de malanga le aliviaría el estómago, y tenía razón.

Ya lo extraño.

También pienso en mi tía Berta.

La imagino sentada en nuestra casa vacía, tal vez sobre mi cama, rodeada por el silencio. Ojalá pudiera traerme los diarios que he escrito a lo largo de los años. No quiero que nadie los lea. Mucho menos ella. Allí están guardadas todas las cosas que nunca me he atrevido a decir en voz alta.

Intento apartar esos pensamientos y concentrarme en lo que ocurre a mi alrededor.

El centro de procesamiento al que nos han llevado los guardias está abarrotado de familias. Hay niños llorando, adultos susurrando y rostros tensos por todas partes. Sin embargo, nadie parece tan asustado como mi madre.

—¿Ves a esa muchacha detrás del cristal? —me

pregunta en voz baja.

Sigo la dirección de su mirada.

—Sí.

—¿Y ves al guardia que está con ella?

Asiento.

—Hace unos minutos ella estaba llorando con su familia. Entonces ese hombre se acercó y le pidió que lo acompañara. Esta es la segunda vez que veo que sucede desde que llegamos. La primera niña nunca regresó.

Un escalofrío me recorre la espalda.

—No pueden hacer eso —digo, con la seguridad de quien acaba de cumplir quince años y cree entender cómo funciona el mundo.

Mamá no responde.

—Extraño a mis amigos, mami —dice Lissette con los ojos llenos de lágrimas—. No quiero irme.

Una parte de mí tampoco quiere hacerlo.

Cuba es todo lo que he conocido, con sus defectos y también con las cosas que amo. Pero hay otra parte de mí que desea reunirse con papá y dejar atrás el desastre en que se ha convertido nuestro país.

Muchas cosas dejaron de tener sentido hace tiempo.

Las tarjetas de abastecimiento que limitan lo que podemos comprar.

El control del gobierno sobre cada aspecto de la vida.

La dependencia de la Unión Soviética.

La promesa de igualdad que mantiene a médicos e ingenieros viviendo prácticamente igual que todos los demás.

Nada de eso me parece justo.

A veces mis opiniones hacen reír a mamá.

Dice que Castro, en su empeño por convertirnos en buenos socialistas, terminó criando a una capitalista.

Según lo que ella misma me cuenta sobre el capitalismo, creo que tiene razón.

—Lissette, sécate esas lágrimas ahora mismo —ordena mamá con firmeza.

Mi hermana se limpia la cara de inmediato.

Pocos minutos después, un hombre con bata blanca y gruesas gafas camina hacia nosotros.

Intenta actuar con naturalidad, pero algo en su expresión me hace pensar que está nervioso.

Se detiene frente a mamá.

—¿Podría acompañarme? —pregunta en voz baja.

—No voy a ninguna parte sin mis hijos.

—Puede traerlos.

Mamá lo observa con cautela.

El hombre baja aún más la voz.

—Quiero ayudarla.

Luego recorre la sala con la mirada, procurando no llamar la atención de nadie.

Cuando vuelve a mirarla, añade:

—Confíe en mí.

Por un instante, mamá duda.

Después toma a René y a Lissette de la mano y me indica que camine junto a ellos.

Seguimos al doctor por un largo pasillo. Nadie habla. El eco de nuestros pasos resuena contra las paredes.

Al final del corredor, el hombre abre una puerta y nos hace pasar a una pequeña oficina.

Sobre el escritorio hay una fotografía enmarcada. En ella aparecen el doctor, una mujer y tres niños.

Él cierra la puerta detrás de nosotros.

Solo entonces rodea el escritorio, toma asiento y mira fijamente a mi madre antes de decir:

—Tenga cuidado. Cuando los oficiales ven a los niños llorando, se los llevan a una oficina, y los convencen a que se queden en Cuba.

Sus palabras me toman por sorpresa. Miro hacia abajo, y juego con mis dedos.

—Puedo ayudarla—añade, apoyándose en su silla y abriendo una gaveta del escritorio—. Les puedo dar a sus hijos unas pastillas para los nervios.

Ella lo mira con desafío.

— ¡No quiero ninguna pastilla! —le digo.

El doctor me mira con una expresión tranquila, y se inclina hacia mí.

—Déjame explicarte algo. Estás dejando todo lo que conoces, y tu madre te está llevando a un lugar extraño. Es natural que te sientas nerviosa. Puedo darte una pequeña dosis de Meprobamato para ayudarte a relajar.

—No me voy a tomar nada—le dije.

Lissette y Rene hacen eco de mi declaración.

Mamá observa la foto en el escritorio.

— ¿Son sus hijos? —le pregunta al médico.

—Sí. ¿Entiende ahora por qué quiero ayudarla? Además, soy médico. Es mi deber.

—Mi esposo está en los Estados Unidos. El gobierno nos ha mantenido separados durante doce años. Necesito reunir a mis hijos con su padre.

—Lo sé—responde.

Mi madre examina el rostro del doctor. Entonces noto, que su expresión de desconfianza desaparece.

—Niños, hagan lo que dice el médico.

El doctor saca un pomito de la gaveta de su escritorio, lo abre y nos da una pastillita a cada uno de nosotros.

Lo tomo, preguntándome si me hará sentir como un zombi. Mamá las ha tomado durante años, por sus nervios. Casi todos en Cuba la toman. La gente dice que les ayuda a lidiar con la vida diaria.

Mi madre le da las gracias al doctor, y regresamos a la sala de procesamiento, donde mi abuela paterna espera.

— ¿Adónde fueron? —nos pregunta.

—Te lo explicaré más tarde—responde mi madre.

Mamá nos pide que acerquemos nuestras sillas a ella, y hacemos un semicírculo a su alrededor. Se inclina hacia nosotros.

—Escúchenme atentamente —nos dice—. Ustedes no van a arruinar esta oportunidad que tenemos de salir. No llorarán. No les darán a estos hombres una razón para que se los lleve. He trabajado demasiado duro en mi vida, para sacarlos de Cuba. Hoy es el día en que ustedes se convertirán en hombres y mujeres. ¿Entendido?

Nunca la había visto tan seria. La intensidad en sus ojos habría persuadido a cualquiera a obedecer. Nos quedamos en silencio.

—¿Me entendieron bien? —nos pregunta.

Todos asentimos con la cabeza.

—Muy bien.

Desde fuera de nuestro semicírculo, mi abuela, quien se había quedado dormida, abre los ojos y me da una mirada interrogante. Me encojo de hombros.

Mi madre sigue vigilando a los oficiales en el centro

de procesamiento, como una tigresa. No es hasta mucho más tarde, cuando abordamos un autobús, que se relaja. Afuera, cientos se han reunido para acosarnos. Mamá nos dice que es una protesta organizada por el gobierno. La gente le está lanzando piedras al autobús y gritándonos obscenidades. Algunos tienen letreros con términos despectivos, como gusanos o traidores.

—No se preocupen por ellos—dice mamá—. Quisieran estar aquí.

Nos llevan a un campamento llamado *El Mosquito,* donde hacemos una larga cola. Al llegar nuestro turno, un par de mujeres, sentadas detrás de una mesa, nos ordenan a vaciar nuestros bolsillos y a quitarnos todas las joyas.

—Este es un regalo de graduación de mi madre—le dice mamá a una de las dos mujeres, apuntando a su anillo de oro—. No se lo puedo dar.

—No te queda otra. Entregármelo—responde la mujer.

—Usted debe comprender, que mi madre ya no está con nosotros. Esto es lo único que me queda de ella.

—Me da igual. Me lo tienes que entregar.

—En ese caso, llame a su supervisor.

Frustrada, la mujer se levanta, y camina hacia mi madre.

—Levante los brazos. Déjame asegurarme que no estás escondiendo nada dentro del ajustador.

Mamá obedece, pero se aferra a su anillo. La mujer gruesa le toca los senos a mi madre, y se los aprieta más de la cuenta.

—No tengo nada en mi ajustador—protesta mi madre.

—Necesito asegurarme de que no esté escondiendo

nada—responde la mujer, pero por su aire de superioridad y su sonrisa, esto es venganza.

Mi madre parece avergonzada, por la forma en que la mujer la toca.

—Ya puedes irte—dice la mujer cuando termina.

—¿Y mi anillo?

—Vete, antes que cambie de opinión.

Mi sangre hierve. Debí haber abofeteado a la trabajadora del gobierno, por lo que le hizo a mi madre, pero me limito a mirarla despectivamente, antes de marcharme.

Durante tres días, nos quedamos en lo que yo llamo "El campo de concentración *El* Mosquito". Aquí, aprendo lo que es tener hambre. Apuñala como un cuchillo, y me hace sentir débil.

—Sigue bebiendo agua —dice mi madre—. Así engañarás a tu cuerpo a que piense que estás llena.

Bebo agua tibia de un grifo oxidado. Eso no me ayuda. Me duele tanto el estómago, que me parece que me voy a desmayar, pero después de un tiempo, me adormezco ante el dolor.

En el campamento, hay perros de policía por todas partes, así que nos mantenemos cerca de mamá. En un momento en que mi madre se descuida, mi hermana deja nuestro lado. Cuando mami se da cuenta, grita con voz desesperada: —¿Dónde está Lissette?

No sé. La buscamos por doquier, pero hay tanta gente en el campamento, que es difícil ver más allá de unos metros. La cara de mi madre se vuelve color rosa, como cuando su presión arterial sube.

— ¡En cuanto la vea, la voy a matar! —dice mamá, caminando de un lado a otro, pero sé que no lo dice en serio.

Por fin, la vemos a lo lejos, corriendo hacia nosotros, tratando de evitar a la gente en su camino. Está llorando y con la cara roja.

—¿Qué pasó? —pregunta mi madre.

—¡La mordieron!

—¿A quién?

—A una mujer embarazada. Los perros la tumbaron, y le mordieron los senos.

Me da escalofríos cuando escucho esto. Mamá abraza a mi hermana.

—No te alejes de mí otra vez, ¿me oyes?

—Necesitaba usar el baño— responde mi hermana—. ¡El de aquí está lleno de caca!

Mamá nos dice que lo resolverá todo. Nos pide que nos quedemos con mi abuela en el dormitorio, un área que parece como un almacén, con pisos de tierra y llena de literas. Sólo los ancianos y enfermos ocupan las camas, ya que no hay suficientes para todos, así que, de noche, tenemos que turnarnos para dormir en una silla.

Cuando mamá regresa, nos dice que todo está arreglado.

—Si nos llaman, síganme y no hablen con nadie de nuestro grupo.

Los oficiales nos habían asignado a un grupo, desde nuestra llegada al campamento. El grupo estaba programado a irse hacia los barcos al mismo tiempo. Sin embargo, mi madre suele ser persuasiva.

Luego del colapso de mi abuela, por la falta de comida, y el incidente que mi hermana presenció, mamá no podía arriesgarnos, a permanecer en el campamento por más tiempo. Pidió hablar con alguien a cargo del campamento y le dijo:

—Te mataré si algo le pasa a alguno de mis hijos.

Para alguien que tiene la amabilidad y dulzura de la Madre Teresa, ella utiliza ese término excesivamente. Sin embargo, siempre está quitándonos, de lo poco que tenemos, para compartirlo con los demás.

Esta vez, tomamos prioridad.

Al principio, la persona con la que habló se rio de ella. Entonces, ella le contó su historia, por lo él se ofreció a ayudarla.

Unas horas más tarde, cerca de la medianoche, nos alineamos junto a un barco camaronero. Un oficial comienza a llamar los nombres de una lista, que lee con la ayuda de una linterna. La mujer frente a nosotros lleva un bebé en sus brazos, y cuando llega su turno, el oficial se lo quita.

—Te vas, pero tu bebé se queda—dice.

Mi madre toma las manos de mi hermano y mi hermana, y me pide que me quede cerca.

—Tendrán que matarme—susurra—. Nadie se lleva a mis hijos.

La mujer frente a nosotros llora, y le suplica al oficial que le entregue a su bebé. El oficial la empuja hacia el bote, mientras que siento un nudo en la garganta. Entonces se dirige a nosotros y nos informa de que, a medida que llame nuestros nombres, debemos entrar al bote, uno por uno.

—No hasta que usted nos llame a todos —dice mi madre.

Él alumbra el rostro de mi madre con la linterna.

—Por favor, no haga que mis hijos se suban al barco sin mí. Todos tenemos que irnos juntos—dice mamá a punto de llorar

El hombre vacila por un momento, y comienza a leer. Mi hermano y mi hermana son llamados primero. Mi madre me agarra las manos. Siento la frialdad de la suya. Escuchamos el nombre de mi madre, el de mi abuela y luego un silencio. Puedo escuchar a mamá respirando más rápido.

Por fin, el oficial me llama, y todos vamos hacia el bote.

REUNIFICACIÓN

1980

Al desembarcar, hombres y mujeres, con los ojos llenos de lágrimas caen de rodillas, y besan el suelo, mientras que soldados estadounidenses, monjas de la Iglesia Católica y trabajadores de la Cruz Roja nos saludan con amplias sonrisas.

Así no imaginé nuestra llegada a los Estados Unidos.

Durante años, el gobierno cubano nos había enseñado en la escuela que el imperio americano era cruel y despiadado. Sin embargo, al poner pie en suelo estadounidense, me encuentro frente a una realidad muy distinta.

Mamá nos abraza con fuerza cuando distingue, a lo lejos, una enorme bandera americana ondeando en una de las astas más altas que he visto en mi vida.

—¿La ven? —nos dice con la voz entrecortada por la emoción—. Por esto sacrifiqué tantos años de mi vida. Esta es la Tierra de la Libertad.

Siguiendo las instrucciones que nos han dado, comenzamos a caminar hacia el centro de procesamiento, una enorme estructura metálica de forma rectangular. Apenas hemos avanzado unos metros cuando mamá se detiene de golpe.

Su rostro cambia.

—¿Dónde está tu abuela?

Miramos a nuestro alrededor.

No la vemos.

La multitud continúa avanzando mientras nosotros permanecemos inmóviles, buscándola entre cientos de rostros desconocidos. La preocupación de mamá crece con cada segundo.

De pronto, René señala hacia el muelle.

—¡Allí está! ¡La están bajando del barco en una camilla!

Todos giramos la cabeza.

Y entonces la veo.

Por un instante, lo peor cruza por mi mente.

Solo su rostro y sus manos sobresalen de la sábana blanca que cubre el resto de su cuerpo. Intento descubrir algún movimiento, cualquier señal que me indique que sigue con vida.

La gente continúa pasando a nuestro alrededor, pero nosotros no nos movemos. Esperamos.

Finalmente, la camilla se acerca lo suficiente.

—¡Abuelita! —grita René mientras agita una mano.

Cuando ella nos ve, gira lentamente la cabeza y le devuelve el saludo.

Nunca me había alegrado tanto de verla.

Está pálida.

Débil.

Pero viva.

Más tarde nos explican que se deshidrató durante la travesía.

Horas después, vuelve a reunirse con nosotros en el centro de procesamiento, donde los oficiales entrevistan a mamá antes de entregarnos los documentos que nos identifican como refugiados.

Es 28 de abril.

Apenas unas horas después de desembarcar, ya no nos parecemos a la familia que llegó en aquel barco camaronero. Gracias a la Cruz Roja y a la ropa donada por personas de Miami y otras ciudades, podemos bañarnos y cambiarnos de ropa.

Ese mismo día, un autobús nos lleva a un hotel de

Miami donde permaneceremos durante dos noches, cortesía de la Iglesia Católica.

Mientras esperamos en fila para entrar, cada uno cargando una bolsa plástica llena de ropa donada, observamos todo con asombro.

Es entonces cuando un desconocido se acerca a mamá.

Hasta hoy me pregunto cómo supo que necesitábamos ayuda.

¿Por qué nos escogió entre tantas familias?

Mamá le explica que mi padre sigue en Cuba.

—No sabe que salimos en otro barco —le dice—. ¿Podría hacerle llegar un mensaje?

El hombre, elegante y perfumado, escucha atentamente.

Promete llamar al número que mamá le entrega y, antes de despedirse, le da veinte dólares.

Veinte dólares.

Mamá intenta rechazar el dinero, pero él insiste.

Después desaparece entre la multitud.

—Es un ángel que Dios nos envió —dice ella, todavía conmovida.

Dos días más tarde, mis hermanos, mi madre y yo nos mudamos a un complejo de apartamentos junto a Biscayne Bay que, según nos cuentan, será demolido en pocos meses. Allí alojan temporalmente a familias de refugiados cubanos mientras comienzan una nueva vida.

Todavía no hemos visto a papá.

Al principio, mamá estaba convencida de que aparecería de inmediato.

Ahora empieza a preguntarse si volverá a verlo.

Una tarde, mientras caminamos por los alrededores del complejo observando cómo el sol desciende sobre la bahía, vemos un automóvil gris entrar lentamente al estacionamiento casi vacío.

Mamá nos llama de inmediato.

—Vengan acá.

Nos acercamos.

El coche se detiene a pocos metros de nosotros.

La puerta del conductor se abre.

Un hombre delgado, bronceado y sonriente sale del vehículo.

Durante una fracción de segundo nadie se mueve.

Entonces mamá grita y corre hacia él mientras que se lanza a sus brazos.

Los dos se abrazan como si intentaran recuperar los años perdidos en unos pocos segundos.

Se besan y lloran. Luego se vuelven a abrazar.

Yo aparto la mirada. La escena me resulta extraña y hasta incómoda.

Después de todo, estoy viendo a dos personas que se aman, pero también estoy viendo a un hombre al que apenas conozco.

Finalmente se separan.

Mamá nos hace una seña.

—Vengan a saludar a su padre.

Nos acercamos despacio.

Los ojos de papá brillan cuando nos abraza uno por uno y nos besa las mejillas.

Mi hermana y yo le devolvemos el abrazo con cautela.

Somos prácticamente desconocidos.

Pero René no tiene ninguna duda.

Le toma la mano, la levanta en el aire y anuncia con orgullo:

—¡Por fin tengo un papá!

Todos nos reímos.

Incluso papá.

Y mientras el sol se hunde lentamente en el horizonte, caminamos juntos hacia la orilla de la bahía para contemplar la puesta de sol.

Por primera vez en muchos años, nuestra familia vuelve a estar completa.

Aunque ninguno de nosotros imagina todavía lo difícil que será aprender a ser una familia otra vez.

ESCAPE DE MI CASA

1983

Lissette y yo, estamos sentadas en la parte inferior de la litera que compartimos, y ella exclama, —¿Tú qué?

Es viernes, 7 de octubre, unos meses después que nos graduáramos de Jefferson High School, en Tampa, Florida.

Hace poco comencé mis clases en la Universidad del Sur de la Florida, gracias a una beca que me otorgaron, en parte, por mis grados. La clase de álgebra se lleva a cabo en un gran auditorio, con más de cien estudiantes, y el profesor se para muy lejos en la distancia, en la parte más baja del salón. Me cuesta entender a mis profesores, y presiento que será un año difícil.

Mi experiencia en la escuela secundaria me enseñó mucho sobre mi nuevo hogar, tan diferente a Cuba, donde yo usaba un uniforme para ir a la escuela, y a casi todos los muchachos que conocía nos gustaba la misma música. En Jefferson, algunas muchachas usaban ropa de marca; otras se vestían de negro; mientras que otras, como yo, usaban ropa de uso de la década anterior. Las divisiones también existían entre los muchachos que escuchaban rock, new wave, punk, rap, salsa y música country.

Un día, mientras asistía a una clase de química, el maestro nos pidió que nos dividiéramos en grupos. Fui la última en ser asignada a uno, lo que me hizo sentir incómoda. Los muchachos americanos me miraron como diciendo:

—No quiero a esa en mi grupo.

Así que terminé en un grupo compuesto por estudiantes de origen sudamericano, y de cubanos recién llegados. Los cubanos, cuyas familias habían llegado antes de la década del 1970, también se mantenían alejados de los recién llegados. Los que me rechazaron, no se dieron cuenta de que la química era uno de mis temas más fuertes, por lo que conocía todos los elementos de la tabla periódica. En mi inglés roto, respondí todas las preguntas correctamente, y mi grupo ganó. Después de ese día, todos los estadounidenses y cubanos "viejos" me querían en su grupo, excepto que, entonces, ya no necesitaba que me eligieran.

Vivimos en la calle LaSalle, en la primera casa que mis padres compraron por insistencia de mi madre. Me dice mamá, que ser propietario de una casa es el primer paso hacia la independencia económica. Por lo tanto, ella esconde el dinero de mi padre, y se lo envía a la compañía hipotecaria. —Cuando menos se lo imagina, la casa será pagada—me dice. Ese es su sueño.Iván Viamontes y yo, hemos estado saliendo juntos desde octubre del 1982. Es uno de los pocos "cubanos viejos" que nunca me rechazaron, incluso, cuando no sabía que yo era inteligente. Durante el verano de 1983, después de terminar la secundaria, me propone matrimonio, pero mis padres insisten, en que soy demasiado joven para saber lo que quiero. Mi padre me asegura que no me casaré hasta que a él no le dé la gana, que vivo en su casa, y por lo tanto tengo que seguir sus reglas. Me pregunto qué hará cuando se entere de la noticia.

—Fue un accidente. No era mi intención—le digo a Lissette.

—Te vas a meter en tremendo lío. Cuando mamá se entere, te va a matar.

Lissette se hace el signo de la cruz, abriendo los ojos de par en par, mientras que trata de contener su risa. No ha cambiado mucho a lo largo de los años, excepto por su cuerpo más delgado y el pelo largo y castaño, que les gusta tanto a los chicos. Sus hermosos ojos achinados, que heredó de un pariente lejano, tampoco han cambiado mucho, excepto, que hoy son traídos a la vida por el delineador de ojos de mi madre.

Ella ya cumplió diecisiete años, un ano y unos meses más joven que yo, pero sigue siendo una niña en su corazón. En muchos sentidos, ella también ha sido mi luz, la única persona, aparte de Iván, que me hace reír.

Tengo puesta una bata de casa con franjas de colores, igual que la de mi hermana, y siento que soy la peor persona del mundo. Sólo eso explicaría lo que he hecho. Pienso en mi abuela. Si estuviera aquí, podría defenderme, podría explicar que los errores ocurren, pero ella ya murió. No fue una enfermedad lo que acabó con su vida. Fue mucho peor. Todavía la veo cuando cierro los ojos: en el suelo del baño, el arma a su lado, y tanta sangre.

No podía dejar que papá la viera así. El alcohol se había convertido en su refugio durante los años que paso sin nosotros. Así que, el día que la encontré en el baño, salí corriendo, y llame al 911, sin darle tiempo a papá, de que, pudiera enfrentar aquella dolorosa escena. Después, con la autoridad que da la desesperación, le dije:

—Pase lo que pase papá, que no se te ocurra entrar en el baño.

Nunca entró. Yo sabía que, si hubiese visto lo que yo vi, nunca lo hubiese podido borrar de su mente. Los recuerdos lo hubiesen perseguido por el resto de su vida, y su hábito de beber empeoraría. En mi caso, es diferente, aprendí a anticipar que cosas como estas pudiera ocurrir. De una forma u otra, un día todos me dejarán, me dije a mi misma. Así que, decidí, que era mejor si no amaba a nadie. De esa manera, no me podrían lastimar.

Alguien llama a la puerta.

—Niñas, ¿puedo entrar?

Es la voz de mi madre.

—Sí—dijo mi hermana de una manera poco convincente.

Mamá entra en el dormitorio, y mi hermana salta de la cama y corre a la esquina de la pequeña habitación, detrás de mi madre. Empieza a agitar los brazos para indicar que estoy en problemas. Mamá la mira de reojo.

—¿Qué está pasando?

—Nada, digo mirando hacia abajo.

No sé cómo mentir, algo que mi madre enseguida nota.

—Dime ahora mismo lo que han hecho.

—Yo? Lissette dice, colocando sus manos sobre sus caderas. —¿Por qué tienes que culparme por todo? Soy un angelito con alas.

Mamá vuelve su atención hacia mí.

—¿Qué estás escondiendo?

Evado sus ojos.

—No fue mi intención, mamá. Fue un accidente.

—¿A qué te refieres?

Sé que, si se lo digo, mi mundo se detendrá y el de ella también. Mi respiración se acelera. Me siento mareada. Si pudiera cerrar los ojos, y despertarme a la mañana siguiente para descubrir que nada de esto está sucediendo, estaría tan feliz.

—Si te lo digo, ¿no se lo dirás a papá?

—¿Decirle qué?

Se sienta a mi lado.

—Soy tu madre. Puedes decirme lo que sea.

— Por favor, no se lo digas a Papá.

Agarra mis manos heladas, y me mira con cariño. Cierro los ojos por un momento, y luego miro hacia abajo mientras le digo: —Estoy embarazada.

Súbitamente, se levanta de la cama, se para frente a mí y me grita: — ¿Tú qué?

Empiezo a llorar. —Lo siento. Fue un accidente.

—¿Un *accidente*? ¿Llamas el quedar embarazada un accidente?

Entrelaza sus dedos sobre su cabello teñido de rubio.

— ¡Ay, Dios mío! ¿Cómo se lo diré a tu padre? Esto lo destruirá, igual que me está destruyendo a mí.

Se detiene por un momento, y sacude la cabeza.

—De todos mis hijos, nunca esperé *que tú me hicieras* esto. Acabas de tirar tu vida a la basura.

Si antes me sentía mal, ahora estoy reducida a una partícula de polvo. Me siento menos que nada. Nunca tuve la intención de herirla, no a ella. No se merece esto.

—Lo siento, mamá. Eso es todo lo que puedo decir.

Camina de un lado a otro en la pequeña habitación, con los brazos sobre su cabeza, y el rostro enrojecido.

—No puedo ocultarle esto a tu padre. ¡No puedo! Tengo que decírselo.

—Por favor, mamá. No se lo digas.

—No puedo enfrentar esto sola. No esto.

Se detiene, y me mira a los ojos con tanto dolor reflejado en su rostro, que todo lo que puedo hacer es llorar.

—Beatriz Valdés, me has matado hoy —dice antes de dar la vuelta y salir de la habitación.

Mi hermana ya no se ríe.

—Dios mío—dice y se sienta a mi lado.

Momentos después, escuchamos voces alteradas. Son las de mis padres. Están discutiendo en el patio de cemento, al lado de la ventana de nuestra habitación. Mi hermana apaga la luz, y nos asomamos a través de la cortina. Vemos a mi padre con una botella de ron en la mano. Mataré a ese hijo de puta, dice. Trae la botella a sus labios y la empina, mientras que yo siento un nudo en la garganta.

—¡Está actuando como un loco! Le susurro a mi hermana, y nos miramos antes de que nuestros ojos regresen a lo que está pasando afuera. Ahora tiene un arma en la mano.

—¡Voy a matarlo!, grita.

En ese momento, me doy cuenta de que debo actuar. No puedo esperar otro segundo.

—No puedo quedarme, le susurro a mi hermana. —¡Necesito irme de esta casa ahora mismo!

—¿Adónde vas a ir?, dice mi hermana.

—No lo sé. Tengo que irme.

Abrazo a mi hermana, salgo de puntillas de la habitación y corro hacia la calle como un destello. Aún, escucho los gritos, y me pregunto qué pensarán los vecinos, pero necesito alejarme lo más posible. Vestida con mi bata de casa de coloridas rayas, todavía en chancletas, corro por la calle oscura, sin saber a dónde ir, mientras que las lágrimas me nublan la visión. Después de correr una cuadra, veo la casa de una anciana que, a veces, me habla cuando regreso de la escuela. Corro hacia su puerta y llamo varias veces hasta que me abre.

—Necesito su ayuda, le digo—. Necesito llamar a mi novio. Mi padre quiere matarlo.

Me deja entrar en su pequeño, pero bien cuidado, hogar. Después de explicarle lo que pasó, me permite hacer una llamada telefónica.

Me tiemblan las manos cuando marco el número de Iván. Su madre, Madeline, responde.

—¿Puedo hablar con Iván? —le digo con una voz agrietada.

— ¿Está todo bien? —pregunta.

—Necesito que Iván me recoja. Me escapé de mi casa. Mi padre está muy enojado. Por favor, póngalo al teléfono.

— ¡Dios mío! —dice. Durante los siguientes segundos, escucho su voz apagada, como si hubiera cubierto la parte del transmisor de su teléfono. Su voz se vuelve clara de nuevo. —Por supuesto, cariño. Aquí está.

Hablo con Iván por unos segundos, y luego su madre agarra el teléfono de nuevo.

— ¿Qué pasó? —me pregunta—. Iván acaba de agarrar las llaves de su carro, y va para allá enseguida.

—Mi papá dice que lo va a matar por dejarme embarazada.

—¿De veras que dijo eso? Probablemente esté exagerando, pero por favor dile a Iván que no se enfrente a tu padre. Puedes venir a mi casa. No te preocupes. Todo va a estar bien. ¿Dónde estás?

—En la casa de una vecina, a una cuadra de distancia.

—Por favor, tengan cuidado. Rezaré por ti e Iván. Todo se arreglará.

Después de colgar, Elsa, la anciana, me pide que me siente en el sofá.

—Permítame traerte un vasito de agua —dice y camina hacia la parte trasera de la casa.

Desaparece al final de la casa, y miro a las fotos que decoran su sala, la mayoría de ella y su esposo, quien ya falleció. Después que regresa, se sienta a mi lado y me mira beber el agua.

—Todo va a estar bien —dice, agarrando el vaso vacío.

Hablamos un rato, hasta que comenzamos a escuchar la sirena de un vehículo de emergencia. Entonces, pensamientos horribles se apoderan de mí. —Por favor, Dios. Ayúdame—digo y cierro los ojos, mientras Elsa acaricia mis manos.

—Estarás a salvo aquí—dice.

Los minutos que siguen van a paso lento. Cuando, al fin, vemos las luces de un vehículo que se ha estacionado al frente de su casa, ella susurra: —Quédate aquí. Déjame ver quién es. ¿Cómo se llama tu novio?

—Iván—le digo.

Elsa me deja, y momentos después regresa con Iván. Él corre hacia mí, y nos abrazamos, mientras que las lágrimas nublan mi visión.

—Pensé que estabas muerto—le dije.

—Estoy bien, mi amor. Estoy bien. Déjame llevarte a casa.

CONVIRTIÉNDOME EN UNA MAMÁ

1984

Iván y yo nos casamos delante de un juez, con su secretaria como testigo. Nadie asistió a la ceremonia, ni mis suegros, Madeline y Guillermo, ni mis padres, ya que tuvieron que trabajar. De cualquier forma, mi papá no hubiese venido, aún si no estuviese trabajando, ya que, desde el mismo momento en que yo decidí irme de la casa de mis padres, él manifestó que yo había dejado de existir para la familia. Durante meses, mi padre prohíbe cualquier comunicación conmigo, aunque mamá a veces logra llamarme desde su trabajo.

Esa Navidad me siento sola.

Los meses pasan con rapidez. Consigo trabajo en un supermercado Winn-Dixie, e Iván comienza a trabajar en el almacén de Montgomery Ward.

Un par de días después de cumplirse mi noveno mes de embarazo, comienzan las contracciones. Estoy sentada en la cama y me doblo sobre mi vientre, tratando de respirar a través del dolor. Pero cada vez se vuelve más intenso. Cuando ya no lo aguanto, me levanto y empiezo a caminar por la habitación, con la esperanza de sentirme mejor.

Es pasada la medianoche. Iván duerme profundamente después de un largo día en el almacén.

—¡Ay, cómo duele! —me quejo.

Mi voz lo despierta.

—¿Qué? ¿Qué pasa?

—¡Me duele!

Se frota los ojos, salta de la cama y se apresura hacia mí.

—Dime qué hago —pregunta, encendiendo la

lámpara de la mesita de noche.

De pronto, una gran cantidad de agua brota de mi cuerpo y cae al suelo. Me quedo inmóvil, sin entender qué ocurre.

—¿Qué es eso? —pregunta Iván, tratando de esquivar el líquido.

—¡No lo sé! Llama a tu mamá.

Sale corriendo del dormitorio y regresa casi enseguida con Madeline. Pero ella no parece tan alarmada como nosotros.

—Iván, no es nada malo. Se le rompió la fuente. Hijo, busca su bolso y llévala al hospital. El bebé viene en camino.

Me pregunto si estoy lista para esto.

—¿Puede llamar a mi mamá y decírselo? —le pregunto a Madeline.

Ella sonríe, como si notara mi nerviosismo, y asiente.

No he visto a mi familia desde la noche en que me fui de casa. Durante todo este tiempo, solo he hablado con mamá por teléfono.

Mientras Iván conduce a toda velocidad rumbo al Tampa General Hospital, pienso en la posibilidad de que mi padre acompañe a mamá al hospital. ¿Vendrá a conocer a su nieto, o ignorará su nacimiento igual que me ha ignorado a mí? Mamá todavía no maneja y depende de él para todo.

Cuando llegamos al hospital, el personal no parece tan preocupado como nosotros. Pasan unos treinta minutos antes de que haya una cama disponible. Finalmente me llevan a una habitación donde hay otras dos mujeres, cada una en una etapa distinta del parto. Ambas gritan cuando llegan las contracciones.

Pronto me uno a ellas.

Soy la más joven de las tres, y no saber qué va a pasar después me llena de angustia. Solo nos separan unas cortinas que apenas ofrecen privacidad, porque ni siquiera están completamente cerradas.

Las enfermeras van y vienen. Me hacen preguntas y conectan equipos de monitoreo a mi cuerpo. A partir de ese momento, Iván comienza a enloquecerme con una pregunta tras otra.

—¿Para qué es ese cable?

—¿Para qué es ese monitor?

Al principio mantengo la calma, pero a medida que las contracciones aumentan, sus preguntas se vuelven insoportables. Después de un par de horas, ya no puedo más.

—¡Deja de hacer preguntas! —grito como si hubiera perdido la cabeza—. ¡Todo esto es culpa tuya!

—¿Por qué es mi culpa?

—¿Y todavía preguntas? ¡No soporto este dolor!

—¿Qué quieres que haga? —pregunta, confundido.

—¡Sal de aquí y averigua si tu mamá y mis padres ya llegaron!

Me besa la frente sudorosa antes de salir de la habitación. Cuando se va, me da vergüenza seguir gritando. Así que, cuando llega la próxima contracción, cierro los puños y entierro las uñas en mis palmas. Entonces noto el papel de pared roto junto a mi cama. Sin pensarlo, agarro una punta y empiezo a arrancarlo.

Veinte minutos después, Iván regresa con mi madre y Madeline.

Al ver a mamá después de tanto tiempo, no puedo contenerme. Las lágrimas me ruedan por el rostro.

—Mamá, me duele mucho.

Ella me abraza y me llena la cara de besos.

—Todo va a estar bien, mija. Esto es parte de ser mamá —me dice, acariciándome el cabello.

—¿Cada cuántos minutos vienen las contracciones? —pregunta Madeline.

—Todavía falta —respondo.

—Eres tan delgadita para dar a luz. Deberían hacerte una cesárea. Apenas pesabas noventa y ocho libras cuando llegaste a mi casa.

Mi madre la mira con tristeza.

—Cuando vivía conmigo, casi no quería comer, por más que yo insistiera.

Madeline responde:

—En mi casa pasa igual. Por eso le compramos lo que le gusta, porque ahora está comiendo por dos. Aunque ha subido treinta libras durante el embarazo, todavía está demasiado delgada.

Mamá gira la cabeza hacia mí y nuestras miradas se encuentran. Parece disculparse sin decir una palabra, pero no tiene que hacerlo. Hizo lo mejor que pudo cuando su vida dejó de pertenecerle.

—Te extrañé mucho —me dice.

Se sienta a mi lado y me toma la mano con cariño. Entonces llega otra contracción y empiezo a gritar. Las lágrimas me corren por el rostro.

—Ya va a terminar, cariño —me asegura.

Una enfermera entra para revisarme. Al ver a Iván, a Madeline y a mi madre, sacude la cabeza.

—Ya les expliqué que solo puede quedarse un familiar. Dos de ustedes tienen que salir.

Mamá se vuelve hacia ella.

—Por favor, ¿podría permitirnos quedarnos?

Hace varios meses que no veo a mi hija. Es su primer bebé y, naturalmente, está asustada.

La enfermera respira hondo.

—Cinco minutos más, entonces dos de ustedes deben salir. Y algo más, cuando salgan, por favor, asegúrense que su familia deje de hacernos preguntas. Estamos muy ocupadas.

Cuando la enfermera sale de la habitación, mis ojos se vuelven hacia mi madre.

— ¿Quién está aquí?

—Todo el mundo —dice.

— ¿Quién?

—Tu hermana, tu hermano, tu padre, Guillermo y sus gemelos.

—¿Y mi papá? —le pregunto.

Ella asiente con la cabeza. Intercambiamos miradas nuevamente. Después de un largo silencio, Madeline dice: —Deberíamos irnos.

—Tienes razón—responde mi madre—. Iván, quédate aquí con Betty. Estaré afuera, en la sala de espera. Betty, le dices a Iván que vaya a buscarme si me necesitas. ¿De acuerdo?

—Sí, mamá. Gracias por venir.

Pasan las horas y todas las mujeres a mi alrededor se han ido, y las nuevas han tomado su lugar, pero mi bebé se niega a dejar mi vientre. Una enfermera viene y me informa que planea darme un medicamento que acelerará mis contracciones. También dice: —Tu familia está molestando a las enfermeras. O dejan de hacerlo, o se les pedirá que se vayan.

— ¿Qué están haciendo? —le pregunto.

—Preguntan cómo estás cada cinco minutos —responde—. Sobre todo, la señora rubia.

Sus comentarios me hacen reír mientras me imagino a mi madre.

—No es nada gracioso—dice.

—Lo sé. Lo siento. Mi esposo saldrá y les pedirá que tengan paciencia.

Nos da las gracias. La enfermera, regresa poco después, y me administra la medicación, por lo que mis contracciones comienzan a llegar con más frecuencia. Estoy tan cansada, y a modo de consuelo, la enfermera me dice que ya estoy casi lista. Iván ahora no está en la habitación, ya que, había salido para hablar con la familia.

—No pujes—me dice la enfermera, y ella y otra enfermera, que entra a mi habitación, comienzan a empujar mi camilla hacia la sala de partos.

¿Qué no puje? ¿Se han vuelto locas? He estado de parto durante veintiuna horas, así que todo lo que quiero es dar a luz a este bebé. No sigo las instrucciones. No puedo soportar este dolor más.

Cuando llego al salón, ya no hay tiempo. Siento el corte del bisturí, y la sangre de la episiotomía rodando. Momentos después, algo cálido y resbaladizo sale de mi cuerpo. El obstetra envuelve al bebé en una colcha, pero estoy demasiado cansada para ver adonde se llevó el bebé. Ahí es cuando lo escucho llorar. Es como música suave para mis oídos.

—Es un hermoso niño. ¡Felicitaciones! ¿Quieres abrazarlo?

Después de tantas horas, no sé si tendré fuerzas.

—Sí —respondo con voz débil, mi rostro brillante de sudor.

Ella lo pone en mis brazos, y se queda a mi lado.

—Hola, bebé —le digo a mi hijo.

Beso sus mejillas rosadas, pero no tengo fuerzas para cargarlo.

—No puedo.

Una enfermera me lo quita de los brazos.

La idea de que ahora soy madre, y responsable de este pequeño ser, me golpea con fuerza. Si no sé cómo cuidarme, ¿cómo puedo cuidarlo a él?

Cierro los ojos, y cuando los abro, ya estoy en otra habitación con Iván a mi lado y el bebé en sus brazos.

— ¿Dónde está todo el mundo? —le pregunto.

—La enfermera los fue a buscar.

— ¿Papá sigue aquí?

—Sí.

Unos momentos más tarde, la habitación es invadida por la familia, cada uno tomando su turno para cargar al bebé, pero mi padre se ha quedado junto a la entrada de la habitación, sin decir una palabra. Después de un tiempo, mi madre se da cuenta.

—Ray, ven a conocer a tu nieto.

Todos los ojos se vuelven hacia él, mientras que camina nerviosamente hacia mi madre, quien mece al bebe en sus brazos. Mi madre coloca a mi hijo con cuidado en los brazos de mi padre.

— Ivancito, este es tu abuelito Ray—le dice mamá al bebé con la voz infantil.

Mi padre lo mira y luego a mí, sus ojos brillan, y se limpia una lágrima que rueda por su rostro.

LOS PRIMEROS AÑOS DE CASADOS

1985-1992

Los primeros años de casados han sido muy diferentes a lo que esperaba. Tantas peleas y discusiones, a causa de nuestras frustraciones, no fueron fáciles, sobre todo, al darnos cuenta de que estábamos solos, sin el apoyo de mamá y papá, y que ellos ya no vendrían a socorrernos. Hemos estado viviendo en un tráiler en Sheldon Road desde que Ivancito tenía tres meses. Iván todavía está trabajando en el almacén, y yo en el Hospital Centro Español como recepcionista.

Tres años antes, en 1985, el huracán Elena pasó tan cerca de Tampa que arrancó nuestro cobertizo y lo lanzó, en plena madrugada, contra el tráiler del vecino. Reconozco que debimos evacuar, tal como recomendaron los meteorólogos. Pudimos haber muerto aquella noche, igual que nuestra pajarita. La pobre se puso tan nerviosa cuando el tráiler comenzó a sacudirse con la fuerza del viento que estamos convencidos de que sufrió un ataque al corazón. No quiero imaginar qué habría pasado si el huracán hubiera tocado tierra.

Después de aquella experiencia comprendimos que no podíamos pasar otra temporada de huracanes viviendo en un tráiler. Así que compramos una pequeña casa de tres dormitorios y un baño que había sido reconstruida después de un incendio. Ahorrar para el pago inicial no fue fácil. Al principio tuve que esconderle dinero a Iván, apartando poco a poco lo que podía de nuestro presupuesto. Cuando comenzamos nuestra relación, estaba acostumbrado a gastar en discos y equipos de música. Sin embargo, con el tiempo aprendimos juntos el valor de la disciplina financiera. Ahora me entregaba su cheque completo para que administrara las finanzas del hogar. Preparábamos nuestros almuerzos todos los días, evitábamos gastos innecesarios y comprábamos ropa nueva solo cuando realmente la necesitábamos.

Visitábamos a nuestros padres todas las semanas, pero para mí seguía siendo difícil abrir el corazón. No quería volver a sufrir. Cuando vivía en Cuba adoraba a mi padre; se fue y, cuando finalmente nos reunimos, me rechazó. Amaba profundamente a mi madre, y un día intentó quitarse la vida. A los quince años me enamoré por primera vez, y también perdí ese amor cuando me fui de Cuba. Años después, mi abuela se suicidó. Después de tantas pérdidas, llegué a la conclusión de que amar era peligroso. No porque hubiera dejado de sentir afecto por las personas que me rodeaban, sino porque el miedo a perderlas era demasiado grande.

Eso fue lo que intenté explicarle a Iván.

—Disfruto de tu compañía la mayor parte del tiempo, excepto cuando peleamos, pero no esperes que te diga que te amo. No creo ser capaz de amar.

Incluso después del nacimiento de nuestro hijo, me resistía a llamar amor a lo que sentía por él. Sabía que haría cualquier cosa por protegerlo, alimentarlo y darle oportunidades que yo nunca había tenido, pero prefería llamar a ese sentimiento responsabilidad. Era una forma de protegerme de la posibilidad de sufrir otra pérdida.

Mi madre, por su parte, nunca dejó de intentar derribar los muros que había construido a mi alrededor. A menudo me pedía que la abrazara o que le demostrara cariño. Yo quería hacerlo, pero algo dentro de mí me lo impedía. A veces, por insistencia suya, la dejaba abrazarme y, mientras descansaba entre sus brazos, era consciente de que no le correspondía como ella merecía. No era falta de amor. Era miedo.

También habíamos aprendido algunas lecciones difíciles sobre el dinero. Cuando nos mudamos al tráiler sobrevivimos durante casi un año gracias a las tarjetas de crédito. Yo sabía que aquello no podía continuar y que, si no encontrábamos una salida, nuestra relación terminaría por hundirse bajo el peso de las deudas. Regresar a casa de la madre de Iván tampoco era una opción; para mí habría significado admitir el fracaso. Por eso llegué a una conclusión muy simple: la educación era nuestra única salida.

Ahora es 1988 y ambos asistimos a la universidad. Iván estudia en el Instituto Técnico de Tampa mientras continúa trabajando en el almacén, y yo asisto a Hillsborough Community College, alternando entre estudios a tiempo completo y parcial según lo permiten nuestras finanzas. Las discusiones casi han desaparecido de nuestras vidas, no porque nuestros problemas se hayan resuelto, sino porque estamos demasiado ocupados intentando construir un futuro mejor. Después de trabajar todo el día, Iván asiste a clases cinco noches por semana. Yo hago lo mismo.

A veces observo a mi hijo y siento una punzada de culpa. Está creciendo tan rápido que temo perderme momentos que nunca volverán. Me gustaría ser una de esas madres que pueden quedarse en casa, verlo dar sus primeros pasos y acompañarlo en cada descubrimiento. Pero no tengo esa opción. Mi objetivo es otro. Quiero darle oportunidades que yo nunca tuve. Quiero enviarlo a una escuela privada cuando termine el sexto grado.

Algunos familiares se ríen cuando escuchan mis planes.

—Apenas tienes para ti, ¿y quieres pagar una escuela privada?

Yo sonrío y no discuto. Nunca he necesitado que otros crean en mis sueños. De hecho, mientras más imposible parece una meta, más decidida me vuelvo a alcanzarla. Con los años he aprendido que el escepticismo de los demás puede convertirse en combustible, y que algunas de mis mayores victorias han comenzado precisamente cuando alguien me dijo que no podía lograrlo.

MI PADRE

Es el tercer sábado de febrero de 1996. Papá, recorre con la vista a todos los que se han reunido con él para celebrar su cincuenta y nueve cumpleaños. Desde este hermoso restaurante Columbia, cerca de la playa de Clearwater con vistas del mar, trato de imaginarme lo que está pensando cuando mira a Iván, Jr., quien dentro de poco cumplirá doce años. Me dice, que Iván Jr. es su orgullo y alegría, aunque estoy segura de que comparte un comentario similar con mi hermana sobre sus dos hijos. Papá está rodeado de sus tres hijos, tres nietos, dos yernos, una nuera, mis suegros y yo, al final de la velada, concluyo que la vida es maravillosa.

Todo ha cambiado. Ya no soy la adolescente asustada que se escapó de casa; ahora soy la primera persona de mi familia en graduarse de la universidad. Estoy terminando mi licenciatura en Contabilidad en la Universidad del Sur de la Florida con un promedio perfecto, a pesar de trabajar entre ocho y nueve horas diarias y asistir a clases todas las noches. Llevo años manteniendo ese ritmo, desde que mi hijo cumplió cuatro años. Era la única manera de enviarlo a una escuela privada y darle las oportunidades que yo nunca tuve.

Iván ha estado a mi lado durante trece años. Mientras él trabajaba de día y estudiaba de noche, yo hacía exactamente lo mismo. Aquella rutina apenas nos dejaba tiempo para nuestro hijo. La mayoría de las veces se quedaba con mis padres mientras asistía a clases, aunque en ocasiones me veía obligada a llevarlo conmigo a la universidad cuando ellos trabajaban hasta tarde. Quizás algún día Iván Jr. comprenda los sacrificios que hicimos para construirle un futuro mejor.

El año anterior había sido contratada como gerente de contabilidad en el Hospital General de Tampa, un trabajo que me encantaba. También me llenaba de orgullo la casa de cuatro habitaciones que habíamos comprado en Carrollwood, lo suficientemente grande para recibir a nuestra numerosa familia. En diciembre de 1995 celebramos allí la Navidad por primera vez.

Sin embargo, durante aquella reunión familiar hubo algo que no dejó de inquietarme. Mi padre parecía diferente. No era algo que pudiera señalar con precisión; simplemente se veía cansado y distraído, como si una parte de él estuviera ausente. Lo observé varias veces mientras los demás conversaban y reían a su alrededor. Siempre había sido el alma de nuestras reuniones familiares, el primero en contar una historia, hacer una broma o levantar el ánimo de los demás. Aquella noche, en cambio, permanecía callado por largos períodos, perdido en sus pensamientos.

Quizás por eso me encontré reflexionando sobre todo lo que había soportado a lo largo de su vida. Cuando tenía nueve años, mi abuela lo dejó en un orfanato después de perder a su esposo y a su hijo menor. Convencida de que los sacerdotes podrían criar mejor a un niño que una mujer sola, tomó una decisión que marcaría para siempre la vida de mi padre. Él le rogó que lo sacara de allí, pero permaneció en el orfanato hasta los diecisiete años. Aquella experiencia despertó en él un deseo profundo de construir la familia que nunca había tenido.

Años más tarde conoció a mi madre y juntos comenzaron a formar la vida que soñaban. Tuvieron tres hijos en rápida sucesión y parecían encaminados hacia el futuro que ambos deseaban, pero la historia de Cuba intervino en sus planes. Mi padre salió de la isla en 1968, cuando yo tenía apenas tres años, con la esperanza de que nosotros lo siguiéramos poco después. Dos años más tarde, el gobierno cubano restringió drásticamente las salidas del país y aquella separación temporal se convirtió en una espera de doce años.

Doce años sin su esposa. Doce años sin sus hijos. Doce años viendo cómo el sueño que había nacido en aquel orfanato se alejaba cada vez más.

Tal vez por eso me alegraba tanto verlo rodeado de toda su familia aquella Navidad. Después de tantos sacrificios, lágrimas y años perdidos, finalmente había logrado construir aquello que siempre había anhelado.

Esa noche, cuando él y mamá regresaron a casa, le comentó que no se sentía bien. Sin embargo, continuó hablando de trabajo como si nada ocurriera. Su taller ocupaba una estructura polvorienta detrás de la casa que él mismo había construido. Allí cortaba vidrio para fabricar paredes de espejo que instalaba en hogares y negocios de todo tipo. Entre nubes de humo de sus inseparables cigarrillos Moore Menthol, también creaba cisnes, jarrones y otras piezas decorativas para sus clientes. Los médicos le habían advertido que el enfisema estaba dañando seriamente sus pulmones. Una prueba reciente reveló que tenía la capacidad pulmonar de una persona de ochenta años, pero aquella noticia no logró convencerlo de abandonar el tabaco. Mi padre era tan terco como yo.

Por eso, cuando mi madre me llamó unos días después para decirme que una ambulancia acababa de llevarlo al hospital, sentí que el mundo se detenía por un instante. Hasta entonces nunca había considerado seriamente la posibilidad de perder a mis padres. De alguna manera siempre había asumido que estarían allí, acompañándome en cada etapa de mi vida.

El derrame cerebral cambió todo.

Después de varios días hospitalizado, mi padre regresó a casa en una silla de ruedas. El accidente no solo le había arrebatado la capacidad de caminar; también le había robado las palabras. Verlo así resultaba devastador. El hombre que había llenado nuestras reuniones con historias y risas ahora dependía de los demás para las tareas más simples.

Con frecuencia observaba a los conductores mayores y luego señalaba sus piernas inmóviles antes de colocar un dedo contra su cabeza, como si fuera una pistola. No necesitaba hablar para que comprendiéramos su frustración. Me partía el alma verlo atrapado dentro de un cuerpo que ya no le respondía.

—Tienes que seguir luchando, papá. No puedes rendirte —le repetía una y otra vez.

La ironía era dolorosa. El hombre que había sobrevivido al abandono, al exilio y a doce años de separación de su familia parecía estar librando ahora la batalla más difícil de su vida. Sin embargo, todavía conservaba algo extraordinario. Aunque ya no podía hablar con normalidad ni caminar, era capaz de cantar *Ave María*. Cada vez que lo escuchábamos, las lágrimas acudían a nuestros ojos. Quizás porque nos recordaba al hombre que había sido, o quizás porque resultaba imposible no pensar que aquel niño que perdió la fe cuando fue abandonado en un orfanato había encontrado una manera de recuperarla al final de su vida.

Papá cumplió 60 años en marzo de 1997, su vida no

ha cambiado mucho. Todavía está en una silla de ruedas, no puede hablar ni caminar. Mamá, se encarga ahora de su pequeño negocio. Contrató al marido de mi hermana, y mi padre, desde su silla de ruedas, le enseña lo que tiene que hacer. Mi madre, ha aprendido a medir los trabajos, además tiene mucho talento para encontrar nuevos clientes, así que poco a poco, mi padre es reemplazado.

Su vida se vuelve monótona, mientras se sienta frente a un televisor día tras día. Otras veces, mi cuñado ayuda a mi madre a llevarlo por toda la casa, o lo sienta afuera para que vea la gente pasar. Esta no es la vida que papá imaginó.

Mi padre no vería la Navidad del 1997. Otro derrame le arrebata la vida en noviembre, antes del día de Acción de Gracias.

MI MADRE

Es el 2001, casi cuatro años después del falleci-miento de mi padre, y la noticia, de que a mi madre le quedan seis meses de vida, me destruye. Tiene tumo-res carcinoides en los pulmones, una forma rara de cán-cer. Me digo a mí misma: —No, no se puede morir. No estoy lista, aunque no sé si nunca lo estaré.

Sigo trabajando en el Hospital General de Tampa, donde ocurren milagros todos los días, y necesito mi propio milagro. De madrugada, investigo febrilmente su condición, después de un largo día de trabajo y clases nocturnas en la universidad.

No se sabe mucho sobre su condición, pero después de acumular docenas de investigaciones en el escritorio de mi casa, encuentro un rayo de esperanza. Algunos pacientes con carcinoides de los intestinos están mos-trando mejoría con las inyecciones de Sandostatin, ex-cepto que nadie ha utilizado Sandostatin para los car-cinoides de los pulmones. Es una posibilidad remota, lo sé, pero traigo mi investigación a su médico. Su joven doctor me sonríe con compasión.

—Betty, este tratamiento nunca se ha probado en pacientes con carcinoides de los pulmones, me explica.

—Pero ¿y si funcionara? ¿No haría todo lo posible si ella fuera su madre?

Su sonrisa intenta ocultar la tristeza en sus ojos. Más tarde me enteraría de que su madre acababa de perder la vida luchando contra el cáncer.

—Bien, me dice. —Voy a tratar.

Unos días después, luego que el seguro de salud

aprobara los tratamientos de $1,000 por mes, comienzan las inyecciones. Un día después de la primera, empieza a respirar más fácilmente, y un par de meses más tarde, mamá logra funcionar más y más tiempo sin oxígeno. Pero no importa cuánto esté mejorando, todavía ella piensa que en cualquier momento se va a morir.

—¡Rápido!, me dice—. Necesitamos documentar mi historia.

Desde nuestra llegada de Cuba, me ha estado diciendo que debo escribir un libro sobre nuestras vidas.

—El mundo no puede olvidar lo que le pasó al pueblo cubano, me dice. Sin embargo, siempre estoy tan ocupada. Tengo varias páginas escritas, pero todavía me falta mucho para terminar su libro.

—Bien, mamá. Claro que sí.

Empiezo a escribir febrilmente, y ella también, en cuadernos y hojas sueltas, con el velado temor de que se le fuese a acabar el tiempo. Todavía extraña mucho a mi padre. Siempre está mirando las fotos de sus nietos con él, ellos eran la vida de mi padre. Su sonrisa nunca fue tan amplia como cuando pasaba el tiempo con ellos. Creo también, que la muerte de mi padre contribuyó a la condición de mamá.

—Debes luchar por tu vida, mamá—le digo. Hiciste todo lo que pudiste por él.

Cada Navidad que sigue viva, estoy tan agradecida. El paso del tiempo hace que la familia crezca. Nacen los gemelos, los primeros hijos de mi hermano, un niño y una niña. Bueno, eso era lo que pensábamos en aquel entonces. Años después, mamá se enteró de que mi hermano había engendrado una hija durante su adolescencia. Y luego, otra hija saldría a renacer de los meses en que mi hermano y su esposa estuvieron divorciados, y antes de que decidieran volverse a casar.

Todo el drama de la familia, y el pequeño negocio de cristales de mamá, la mantienen entretenida. Los gemelos, y más tarde, Amber, la hija que mi hermano engendró cuando era adolescente, le dan una razón para seguir viviendo. El éxito académico y profesional alcanzado, me permite pagarle a mamá los viajes a México y a Europa. Ella viaja a Europa con un pequeño grupo de mujeres, y me envía algunas fotos de ella, de pie, frente a la torre Eiffel encendida. Se ve tan feliz apuntando hacia arriba de la torre, con una gran sonrisa adornando su rostro, mientras que la nieve cae sobre su chaqueta negra.

Mientras tanto, continuo con mis estudios. Completo una maestría en administración de empresas (MBA) en la Universidad del Sur de Florida (USF), con calificaciones casi perfectas, lo que me ayuda a obtener una posición como directora de contabilidad. Disfruto de la universidad, y no quiero dejar de aprender. Veo los beneficios de una buena educación, al notar cómo mi salario sigue aumentando a niveles que nunca imaginé. Esto me permite ayudar a mi madre y a mis hermanos, y a pagarle a mamá por viajes a México y a Europa. Viaja a Europa con un pequeño grupo de mujeres y me envía una foto de ella, de pie, frente a la torre Eiffel encendida. Se ve tan feliz apuntando hacia arriba de la torre, una gran sonrisa adornando su rostro, mientras que la nieve cae sobre su chaqueta negra.

Después del MBA, decido volver a USF y obtener un certificado de posgrado en escritura creativa. Este conocimiento me permitirá terminar el libro de mi madre.

Las inyecciones de Sandostatin le conceden a mamá diez años más de vida, pero también afectan otros aspectos de su salud. Ha desarrollado una diabetes, y su peso incontrolado se ha encargado de otros daños en su salud.

En el 2011, mamá decide que no desea seguir luchando.

—Detendré las inyecciones, me dice en el camino a la cita con su médico.

— ¡No se puede hacer eso! le grito. Te vas a morir.

—Betty, tengo setenta y dos años. He vivido diez años con tiempo prestado, y le estoy muy agradecida a Dios, pero mírame. No tengo calidad de vida. Tengo que depender del oxígeno de nuevo. Mi corazón está empezando a rendirse.

—Pero mamá...

Ella sonríe y me sostiene de la mano, y siento que me vienen las lágrimas, pero logro retenerlas.

— ¿Qué te gustaría comer después de salir del médico? le pregunto para cambiar el tema.

—Cómprame un filete de bistec empanizado bien grande. Eso es lo que quiero.

Por primera vez, no le digo que esta es la comida no es buena para ella.

—Lo que quieras, mamá —le digo.

Luego me dice que, aunque conoció a su nieta Amber, su único pesar es no haber conocido a Andrea, la otra hija que mi hermano engendró. Noto su tristeza cuando piensa en Andrea.

Un par de meses después, la llevo a la segunda propiedad de alquiler que mi esposo y yo habíamos comprado. Su respiración es laboriosa, incluso con el oxígeno. Observa el interior de la casa con asombro, mientras que los trabajadores la pintan y lo preparan todo para los inquilinos.

—Es hermosa —me dice mamá y me sostiene la mano—. Lo has hecho muy bien, Betty. Estoy tan orgullosa. Ahora, puedo morir en paz.

—Deja de hablar así, por favor.

Su sonrisa lo dice todo. Más tarde nos da una lista oral de instrucciones. Le encantaría que mis hermanos tuvieran su propio negocio. Quiere que encontremos a su nieta Andrea, quien fue sacada del país cuando era una bebé. Quiere que le digamos a Andrea que nunca dejó de buscarla.

Unos días después, el Vicepresidente de Contabilidad de Pacientes entra a mi oficina, y me encuentra llorando.

— ¿Qué pasa? —me pregunta.

—Es mi madre.

Las lágrimas se resbalan por mi rostro.

—Alguien me acaba de llamar del hospital. Ella murió en camino al hospital, pero los trabajadores de la ambulancia la revivieron. Sin embargo, los médicos no creen que le quede mucho tiempo.

—Déjame llevarte. No estás en condiciones de conducir.

En el camino al hospital, permanezco en silencio mientras llamo a cada miembro de la familia, y les pido que se reúnan conmigo en el Hospital St. Joseph. Mamá nunca sonreirá ni hablará de nuevo. El médico dice que ha sufrido un ataque cardíaco masivo y un derrame cerebral. Nos pide que la dejemos ir.

En cuanto escucho esto, salgo la habitación llorando, pero mi hermano acepta la proposición del doctor.

El temor más grande de mamá siempre ha sido morirse sola. Un par de días después de que los médicos retiraran el soporte vital, ella toma su último aliento. Sus hijos, mis tíos, su primo y mis suegros están a su lado, mientras sus hijas acarician su cuerpo.

LA VIDA DESPUÉS DE MAMÁ

2011-2015

Mi madre no quería que gastáramos dinero en ella, pero le dimos un velorio por todo lo alto, con una presentación de video que reflejaba los momentos felices de su vida, y una funeraria llena de arreglos florales. Mi hermano y yo, también hablamos al frente de la congregación sobre su legado.

El día de su entierro, su cuerpo es escoltado por la policía, y más de treinta carros, primero, a una iglesia católica en la ciudad de Ybor City, donde un sacerdote le da un hermoso servicio, y luego al cementerio.

Después que la vida vuelve a la normalidad, la importancia de preservar la esencia de mi madre toma forma. Es entonces que recuerdo la promesa que le hice. Debo terminar su historia, pero no puedo leer sus diarios sin que la tristeza, y el llanto se apoderen de mí. Empiezo a leer, y me detengo docenas de veces. Mientras tanto, decido no vender su casa, y en su lugar la uso como alquiler. Será un negocio que todos sus hijos puedan compartir, así mis hermanos podrán tener una entrada de dinero fija, como ella quería.

Mamá dejó claro antes de morir, —Usen el dinero de la casa como les parezca. Es de ustedes.

Al alquilarla, esta casa proporcionará un flujo constante de dinero que cada uno de nosotros puede usar como deseemos. Lo gastamos en la familia, o para ayudar a las personas necesitadas, como un día en que un joven murió, y la familia no tenía dinero para un funeral, o el día en que una mujer, huyendo de un matrimonio abusivo, necesitaba ayuda. Numerosos proyectos. En cada uno, la esencia de mi madre se mantuvo viva.

Al acercarme a mis cincuenta años, me doy cuenta de que no puedo esperar más, necesito terminar el libro de mi madre. Por difícil que sea, abro sus diarios de nuevo, y lo que descubro fue invaluable. Entonces, me doy cuenta de que no puedo escribir su historia en tercera persona. Ella tiene que contar su propia historia, tengo que darle una voz. Comienzo a juntar su vida como un rompecabezas. Es un proceso de descubrimiento, una tarea que se convierte en la más difícil que he realizado, un proceso de recuperación y reconexión. Uno de los mayores desafíos, en la escritura de su historia, es entender los eventos que la indujeron a tratar de quitarse la vida cuando yo tenía seis años.

— ¿Por qué?

Tan dulce y buena como era, ¿por qué quería dejar solos a sus tres hijitos?

Trato de entender, el por qué alguien haría eso, especialmente ella, quien era bondad y amor personificado. Hablo con mi tía y todos los que recuerdan esos tiempos, y luego, poco a poco, el rompecabezas se va armando. Leí los diarios y las cartas que me dejó para ayudarme a llenar los vacíos de su historia.

Mientras escribo, siento su desesperación cuando regresa de la oficina de inmigración en La Habana, después de que un funcionario del gobierno la acosara sexualmente. Se había ofrecido a ayudarla a cambio de sexo, ella nunca haría tal cosa. Su creencia en Dios, las lecciones que recibió cuando asistió a una escuela dirigida por monjas católicas, y las enseñanzas de su madre le dieron una fuerte brújula moral que nadie podía romper.

Observo la tristeza de mamá, cuando su madre muere a los cincuenta y siete años, poco después de que mi padre se fuera. Mi abuela Ángela había sido la roca de mamá, cosiendo durante años para darle a sus hijas la oportunidad de una vida mejor. Incluso cuando mi abuelo perdió la pequeña tienda que poseía debido al juego, mi abuela trabajaba día y noche para tratar de sacar a la familia de la pobreza.

Siento la angustia de mamá, cuando la comida que puede comprar en la bodega con las tarjetas de abastecimiento no es suficiente para alimentarnos.

Siento su sensación de pérdida, al no saber cuánto tiempo pasará antes de que vuelva a ver al amor de su vida. Se enamoró de mi padre en el 1961, cuando lo conoció en una fábrica de ventanas en La Habana. Había sido llamada a su oficina, por llegar tarde en repetidas ocasiones, debido a la enfermedad de su madre. Ahí estaba él, con sus botas de cuero en la mesa, y una sonrisa que detuvo su corazón. Después de unas semanas de amistad, ella se convirtió en su confidente. Sin saber cuánto lo amaba, él le pidió que seleccionara regalos para su prometida, y lo hizo, sin revelar nunca sus sentimientos por él. No fue hasta que se dio cuenta de que la mujer con la que estaba a punto de casarse no podía darle una familia que él rompió su compromiso. Su ira y tristeza lo llevaron a conducir una motocicleta a toda velocidad por el paseo marítimo del Malecón, en La Habana, hasta que se estrelló y perdió el conocimiento. Después, al despertarse en una cama de un hospital, encontró a mi madre a su lado, rezando por él y llorando. En ese momento se dio cuenta de lo que no había podido ver desde que la conoció. Poco después, le pidió que se casara con él.

Todo lo que quería mi madre, era estar el resto de su vida con él, y ahora, ella no sabe cuánto tiempo pasará antes de que se vuelvan a ver.

Veo cómo la depresión desatendida la llena de oscuridad. Debió haberse preguntado ¿cómo podré cuidar de mis tres niños pequeños cuando no soy capaz de cuidarme a mí misma?

No es que todos estos eventos disculpen su acción. Nada justificaría que alguien diera ese paso, pero me ayudan a explicarlo. Reconstruir su pasado me permite entender lo desesperada que se sentía ese día.

Cuando finalmente me convierto en ella, a través de las páginas de mi libro, y la veo el día que atentó contra su vida, me convierto en un mar de lágrimas, que no deja de fluir, pero la perdono. Y ahora, quisiera tenerla aquí para darle todos aquellos abrazos que me pidió y no le di, porque yo estaba demasiado rota para comprenderla.

LEGADO

Entre el 2011 y el 2015, mi vida es consumida por el trabajo, el servicio comunitario y la escritura. Me hice miembro del Comité de Conferencias de la Salud del Instituto de Contadores Públicos de la Florida, y ayudo a organizar un evento cada año para proporcionarles a los contadores oportunidades educacionales que los ayude a preservar su licenciatura. Me convierto en oradora, y hablo en varios eventos profesionales. Regreso de nuevo a la escritura, como hice para escapar de mi situación cuando era niña. En aquel entonces, el inventar historias de princesas y príncipes que se enfrentaban a escenarios imposibles, me ayudaba a mantener todo lo que sentía dentro de mí. Ahora que mamá ha fallecido, escribir se convierte de nuevo en mi escudo, especialmente después de que mi hijo se casa y se va de Tampa, a finales del 2011. Pronto, escribir me ayudará a sacar todo lo que he escondido adentro por tantos años.

Mi hijo, quien ha completado una maestría en administración de empresas en USF, y ha tenido una exitosa carrera, se muda a Hoboken, New Jersey con su esposa, y comienza a trabajar en la ciudad de Nueva York. Solo quedamos en casa Iván y yo.

Escribir, y las paredes que construí para evitar acercarme demasiado a nadie me ayudan a hacerle frente a su partida. Recuerdo, que me dije a mí misma mientras crecía: —No te encariñes demasiado con nadie. Todos se irán un día.

Me mantengo ocupada todo el tiempo.

Iván y yo viajamos a nuestros trabajos juntos, así

que escribo mientras él conduce. Nos lleva una hora ir al centro de la ciudad de Tampa, donde trabajamos, desde Odessa, el pueblecito donde residimos.

Escribo después de la cena, y en medio de la madrugada, notando que sólo necesito cinco horas de sueño para funcionar. La autodisciplina me lleva a niveles más altos de funcionamiento en el hogar y en el trabajo.

He sido promovida varias veces en el Hospital General de Tampa, y con la última promoción alcanzo el puesto de directora de finanzas de un departamento de treinta empleados. Soy responsable por las operaciones financieras de una organización sin fines de lucro, con $1.200 millones en entradas anuales que contribuye de manera significativa a la salud de nuestra comunidad. Pero eso no es suficiente para mí. Mi madre hubiese esperado más. Eso es lo que me digo a mí misma para encontrar nuevas maneras de hacer más por la comunidad que amo.

Cuando yo era pequeña, mi madre me dijo que una santera le había dicho que tendría una hija que se convertiría en una escritora famosa algún día. Siempre me lo recordaba.

—¿Famosa? ¿Yo? —le preguntaba.

En los diarios de mi madre, deja claro que llegaría el día en que yo los leería. —Betty, ya te había contado esta parte de la historia, pero no esta otra parte, escribió. Era, como si estuviera a mi lado, aconsejándome sobre su historia. También, nos dejó varios álbumes de fotos. Una de ellas fue la primera foto que tomamos a nuestra llegada a Norteamérica: —Nuestra primera foto en tierras de libertad. Nunca lo olviden.

El leer sus notas, y examinar viejas fotos, me alimentan y me llevan a crear una editorial. Aprendo sobre la publicación y edición de libros, sobre el formato de manuscritos, el desarrollo de personajes, marketing y diseño de portadas.

En enero del 2015, después de muchas lágrimas, largas noches y agotamiento, finalmente termino el libro que le prometí a mi madre, y al concluirlo, una sensación de paz me envuelve. Camino por mi casa mirando a todos los lugares donde solía sentarse, recordándola, imaginándola. Me voy al *family room* y encuentro a mi esposo leyendo un libro de política.

—Ya terminé—le dije en un tono de voz tranquila.

—¿Ya?, — preguntó. No estoy segura si está tratando de burlarse de mí, pero su expresión no parece sugerirlo.

—Ha sido un total de catorce años, entre lo que escribí antes y luego que mami falleció.

—Es increíble que lo hayas terminado. ¡Te felicito!

Abre sus brazos hacia mí, y yo acepto su abrazo. Después que regresa a la lectura, vuelvo a caminar hacia la parte delantera de la casa, y entro en el dormitorio donde mamá dormía cuando venía a visitarme. Hay un álbum, en la mesita de noche. Sobresaliendo detrás de la imagen, en una apertura de la portada, veo un pedacito de papel doblado. Lo saco y lo leo:

A mis hijos y nietos:

Sólo les pido que se amen el uno al otro, y a sus cónyuges, con la misma intensidad que unió a su padre y a mí. No importaron las piedras que encontramos en el camino, la política injusta, los doce años de separación. Estuvimos juntos hasta el final. El amor es el sentimiento más grande que existe en el mundo.

Con mucho amor,

Mamá y papá (hasta que la muerte nos separó)

Las lágrimas emergen y se derraman. Esta nota esperó cuatro años para ser encontrada, y el hecho de que surgiera en el momento preciso en que he terminado su libro transmite un claro mensaje. Debo incluir la foto de la boda y sus palabras en el libro.

Esperando en la calle Zapote, la historia de mi madre, se publica el 2 de marzo del 2015.

Poco a poco, los lectores del libro se expanden en los Estados Unidos e internacionalmente. Es seleccionado por un club de lectura de las Naciones Unidas y muchos otros. El sitio web de Latino Author lo enumera como uno de los diez mejores libros del 2016, y eventualmente en el 2018, gana el *Premio Latino Books Into Movies,* un premio que el propio Edward James Olmos anunciaría.

Después de la publicación, me siento inquieta. ¿Qué más querría mi madre que hiciera? ¿Cuál es mi propósito? ¿Cómo puedo ser más impactante? ¿Cómo puedo retribuirle a este país que nos abrió los brazos? Esas preguntas me impulsan. Me junto con otros líderes de la comunidad en busca de ese próximo proyecto que me permitirá lograr mis objetivos. También sigo escribiendo y trabajando en el Hospital General de Tampa.

Finalmente, a través de un grupo de mujeres de negocios y líderes comunitarios, me encuentro con una de las asistentes del gobernador de Florida, Rick Scott. Cuando escucha mi historia, y cómo la educación transformó mi vida, me anima a aplicar a un puesto en la Junta de la Directiva de Hillsborough Community College (una universidad). A finales del 2015, recibo una llamada de la oficina del gobernador. Volará a Tampa para reunirse conmigo. No lo puedo creer. *El gobernador del estado de La Florida viene a reunirse conmigo.*

Me preparo febrilmente para esa entrevista, y

cuando finalmente nos reunimos en un aeropuerto cerca de Tampa, no puedo creer que esté hablando con él. Luego de una breve sesión, afirma que soy la candidata más preparada que ha entrevistado, por lo que su decisión es fácil. Entonces su fotógrafo nos toma una foto. Y así, me nombra a la Junta de Síndicos de Hillsborough Community College. Este nombramiento representa una gran responsabilidad: cinco campus estudiantiles, y más de 40.000 estudiantes.

Mientras tanto, sigo trabajando en el hospital. A finales del 2016, estoy a cargo de las finanzas del hospital y alrededor de once filiales. Formo parte del equipo de dirigentes que transformó esta organización, de una que incurría grandes pérdidas financieras, a una reconocida, y con los fondos necesarios para seguir expandiéndose. Aún después de 22 años trabajando en el hospital, me gusta lo que hago, al igual que mis compañeros de trabajo y nuestra misión. Pero desde mi nombramiento a la Junta de Directiva, utilizo la mayor parte de mi tiempo de vacaciones viajando a Tallahassee, Florida y a Washington D.C. para abogar por Hillsborough Community College y asistir a seminarios educativos para fideicomisarios, o asistiendo a eventos comunitarios.

En una ocasión, asisto a una celebración navideña en la mansión del gobernador y hablo con el jefe del Comité de Caminos y Medios (Means and Ways Committee) para pedirle $10 millones para el edificio de Salud Aliada (Allied Health) que la universidad necesita construir. El señor de mediana edad me da su tarjeta de negocios, y me pide que le envíe un correo electrónico, lo cual hice al día siguiente. Cuando luego me enteré de que la universidad recibió los $10 millones, mi entusiasmo por el impacto que nosotros tenemos, como individuos, me impulsa a dar un paso que nunca imaginé que tomaría.

En el 2017, se lleva a cabo una ceremonia para el comienzo de la construcción del edificio *Allied Health*, pero no puedo asistir por compromisos laborales. Es difícil para mí, no estar allí para celebrar el arduo trabajo que los administradores y personal de la universidad han realizado. Así que, después de veintidós años, decido dedicar más tiempo a la comunidad, y escribo mi carta de renuncia a mi puesto en el hospital.

Nadie en el Hospital General de Tampa espera esto.

Algunos miembros de mi familia me preguntan:

— ¿A quién se le ocurre dejar un ingreso de seis cifras a favor de trabajo comunitario?

Sólo los miro, y no les digo nada. Ya en este tiempo, mi esposo y yo somos propietarios de varias casitas de alquiler, las cuales nos proporcionan buenos ingresos. Sé que después de salir del hospital, no estaremos tan cómodos como estamos ahora, y que tendremos que planear nuestros gastos con más cuidado, pero no miro atrás. Mi decisión está tomada.

Para no causarle ninguna inconveniencia al hospital, donde he trabajado por tantos años, como parte de mi renuncia, le doy tres meses para que encuentren a mi reemplazo. Pase lo que pase, le aseguro a mi jefa, que estoy dispuesta a ayudar. Es lo menos que puedo hacer, después de lo mucho que han hecho por mí y por mi familia.

En febrero del 2018, dejo el Hospital General de Tampa. Para entonces, había terminado otros tres libros, *La danza de la rosa,* Los secretos de *Candela y otras cuentos de La Habana,* y La *Habana: El regreso de un hijo,* libros que traen a relucir la lucha y el estrago del pueblo cubano. Pasé muchos meses escribiéndolos, pero los comentarios de mis lectores, los testimonio de cómo mis libros los ayudaron, o les dieron la fuerza que necesitaban, me motivan a seguir escribiendo.

Estoy terminando otro libro que mi esposo me pidió que escribiera, la historia de mis suegros: *La niña de Arroyo Blanco.*

Me paso horas con sus padres, conociéndolos a un nivel más profundo, aprendiendo aspectos de sus vidas que ni siquiera mi esposo sabe. Qué regalo tan grande es escuchar su historia. Verlos tomados de la mano, después de más de sesenta años de matrimonio, revitaliza mi creencia en el poder del amor. Al ayudarlos a recordar, parecen estar reviviéndolo todo. Sonríen, derraman lágrimas, se acercan uno al otro como si fuesen recién casados, y a veces discuten cuando él me cuenta historias que ella piensa que son innecesarias, pero que a mí me parecen invaluables.

En diciembre del 2018, después de recibir una llamada de uno de mis ex jefes del hospital, sobre un médico que necesitaba ayuda con su negocio, también empiezo a consultar para un hotel de lujo, mientras que continúo escribiendo la historia de mis suegros, y realizo mis deberes administrativos de las casitas de alquiler y mi trabajo en la directiva de la universidad.

En el 2019, me siento satisfecha y hasta nos hemos mudado para una nueva casa. Es entonces que recibo otra llamada que me cambia la vida. Un miembro de la junta de directiva de Lions Eye Institute for Transplant & Research, Inc., quien ha seguido mi carrera durante años, me pide que aplique para un puesto de ejecutiva financiera para esa compañía.

—Aprecio la oferta, pero estoy ocupada haciendo cosas que me gusta hacer, y francamente, no estoy interesada.

—Por favor, piénsalo—me dijo.

Cuando comienzo a investigar la empresa, quedo sorprendida. Esta es la compañía, de donde recibí una llamada, la noche en que mamá murió. La telefonista me había pedido los ojos de mamá, con el fin de darle el regalo de la vista a alguien que no lo tenía. En ese momento de pérdida, no pude decirles que sí. Ella no era una donante de órganos, pero yo también me sentí enojada al recibir esa llamada. Mi reacción me molestó durante años. ¿Y si sus ojos hubiesen podido ayudar a alguien a ver? La vida me estaba otorgando la oportunidad de corregir un error. Al darme cuenta de esto, llamo al miembro de la junta, y le digo con entusiasmo que aplicaré para el trabajo.

Me preparo para la entrevista durante horas, ya que me entero de que mi competencia es fuerte.

En abril del 2019, me convierto en la primera mujer ejecutiva del Lions Eye Institute for Transplant & Research, Inc., una organización sin fines de lucro que proporciona el don de la vista a personas en más de setenta países.

En agosto del 2019, me convierto en la jefa de la directiva de Hillsborough Community College y publico *La niña de Arroyo Blanco*, la historia de mis suegros, la cual aparece como el lanzamiento número uno en Amazon.

Más o menos al mismo tiempo, recibo una llamada de Tampa Hispanic Heritage Inc.

—Betty, ¡ganaste! —me comunica Odette Figueruelo.

—¿Gané qué? —pregunto. Es muy tarde, y estoy

cansada. De hecho, mi marido ya se ha quedado dormido en el sofá.

—¡Eres la Mujer Hispana del Año 2019 de Tampa Hispanic Heritage Inc.!

Estoy en shock, y el recuerdo de mi madre me llena de emoción. Apenas puedo decir una palabra, ya que este no es mi premio, sino el de ella.

En septiembre, como la nueva jefa de la Junta de Directiva del Hillsborough Community College, comparto el escenario con un senador estatal, la alcaldesa de la ciudad de Tampa, el presidente de la universidad, el mayor donante en la historia de la universidad, y presidentes del campus, durante la ceremonia de corte de cinta del edificio de la *Allied Health*. En el mencionado edificio se les proporciona entrenamiento de alta calidad a todos los estudiantes de la salud. El evento, es uno de los de mayor participación, por líderes de la comunidad, en la historia de la universidad, lo que evidencia el nivel de apoyo y el impacto positivo de este edificio. Dentro de este, una placa tiene grabado mi nombre como la jefa de la directiva, al igual que los nombres de otros actores clave en hacer realidad este sueño. Mientras que hablo, no puedo creer que esté aquí, llevando los sueños de mi madre a nuevas alturas.

Desde que supe de mi selección como Mujer Hispana del Año, he estado en numerosas entrevistas de televisión, radio y periódicos, y en una semana, asistiré a la gala del Hombre y la Mujer del Año de Tampa Hispanic Heritage, Inc. En ese evento, recibiré reconocimientos firmados por la alcaldesa de Tampa y varios senadores. Aún nada de este me parece real.

Al mirar hacia el camino que me queda por delante, me doy cuenta de que mi trabajo no ha concluido.

Quiero seguir escribiendo, y espero que la historia de mi madre llegue a la gran pantalla algún día. A la vez, deseo ayudar a otros a realizar sus sueños.

La oportunidad de ayudar a aquellos que representan nuestro futuro se me presentó recientemente, cuando atendí una reunión de la junta de la directiva que tomó lugar en el campus del área de South Shore, y tres estudiantes compartieron sus historias conmigo. Profundamente conmovida por ellos, los invité a que vinieran a la gala como mis invitados. Aunque solo tres jóvenes compartieron sus historias, en total, cinco estudiantes atendieron este evento, patrocinados por mí. Espero que, al compartir mi historia con ellos, vieron lo que es posible, y que un día, sean ellos los que inspiren a otros a convertirse en la mejor versión de sí mismos.

Como le dije a una de las alumnas: —Mañana, quiero que te conviertas en la mujer hispana del año. Lo tienes dentro de ti. ¡Puedes lograrlo!

Mientras tanto, sigo trabajando arduamente en la compañía Lions Eye Institute for Transplant and Research, Inc., ayudando a mejorar sus finanzas para que logre ampliar las investigaciones de enfermedades oculares, así como también, las oportunidades educacionales. Adicionalmente, para que continúe haciendo posible que madres y padres puedan ver los rostros de sus hijos, y que los niños puedan observar las maravillas del mundo.

Entre el 2020 y el 2021, publico cuatro novelas basadas en historias reales, dos sobre la Operación Pedro Pan, un éxodo que trae a los Estados Unidos a más de 14,000 niños solos.

En 2021, obtengo el premio de Chief Financial Officer (directora ejecutiva financiera) del Año, otorgado por la revista Tampa Bay Business Journal. Esto fue posible debido al papel que desempeñé estabilización financiera de Lions Eye Institute for Transplant and Research durante la pandemia, durante uno de los periodos más difíciles en la historia de esta organización internacional. A la vez, como miembro de Hispanic Professional Women's Association, le sirvo de tutora a otras jóvenes inmigrantes para que ellas también puedan crecer alas.

Cuando vivía en Cuba, nunca imaginé la vida que he vivido, pero de alguna manera, mi madre siempre creyó en mí, y *ella* me hizo creer.

Encima, foto en la mansión del gobernador de Florida, con el gobernador y su esposa. Debajo, mi esposo, mi hijo y yo.

EPÍLOGO

Cuando miro hacia atrás, me cuesta creer todo lo que ocurrió en una sola vida.

Perdí mi niñez antes de tiempo. Crecí extrañando a mi padre mientras observaba a mi madre librar una batalla diaria contra la tristeza, reinventándose una y otra vez para mantener a sus hijos a flote. Sobreviví al éxodo del Mariel, aprendí a vivir en un país cuyo idioma no entendía y descubrí que empezar de nuevo exige más valentía de la que uno cree poseer.

Años después, cuando vi a mi abuela rendirse ante el peso de sus propios dolores, comprendí algo que no había entendido hasta entonces: cada experiencia, incluso las más difíciles, me había estado preparando para enfrentar las tormentas de mi propia vida.

Mi padre cargaba heridas que comenzaron mucho antes de que yo naciera. Mi madre sacrificó gran parte de su vida para que sus hijos tuvieran una oportunidad. Y yo, sin darme cuenta, fui aprendiendo de ambos. Aprendí a seguir adelante cuando parecía imposible hacerlo. Aprendí a trabajar cuando estaba cansada, a estudiar cuando no tenía tiempo, a ser madre cuando todavía estaba creciendo y a perseguir mis metas aun cuando otros pensaban que eran inalcanzables.

Como tantos inmigrantes que llegan a este país con poco más que esperanza en los bolsillos, mi sueño era sencillo: que mi hijo tuviera más oportunidades de las que yo tuve. Quería que creciera libre de muchos de los miedos que marcaron mi infancia.

Y tuve el privilegio de verlo suceder.

Hoy entiendo que la libertad no es solamente un lugar. No es una bandera, ni una frontera, ni siquiera un país. La libertad también es la capacidad de seguir soñando después de haber sufrido pérdidas, de conservar la esperanza cuando todo parece derrumbarse y de encontrar el valor para volver a empezar cuantas veces sea necesario.

Si mi vida tiene alguna lección, es esta: las heridas pueden acompañarnos durante años, pero no tienen por qué definir quiénes somos ni limitar lo que podemos llegar a ser.

Como el tocororo, nacimos para vivir en libertad.

Y mientras conservemos la fe, la determinación y el valor de seguir adelante, nadie podrá cortarnos las alas.

AGRADECIMIENTOS

Quisiera expresar mi más profundo agradecimiento a las siguientes personas, cuya ayuda, apoyo y generosidad hicieron posible este libro:

A mi madre, por dedicar su vida a su familia y por las incontables horas que pasó conmigo después de su diagnóstico de cáncer, compartiendo los recuerdos de aquellos años en que el gobierno cubano nos mantuvo separados de mi padre. Gracias también por los diarios y las cartas que me dejó, tesoros invaluables que preservaron historias que el tiempo ya no le permitiría contarme personalmente.

A María Fernández, mi querida "tía peleona", por las largas conversaciones telefónicas, por su memoria prodigiosa y por ayudarme a reconstruir episodios importantes de la vida de mi madre.

A mi hermana, Lissette, por ayudarme a recrear, a través de sus recuerdos, los acontecimientos que tuvieron lugar en El Mosquito; y **a mi hermano, René**, por su constante aliento y apoyo.

A mi esposo, por su amor incondicional, su paciencia y su respaldo durante cada etapa de este proyecto.

A Vilma Pérez y Maritza Rodríguez Cianferra, por su dedicación en la edición de este libro y por ayudarme a dar forma a esta historia.

A la escritora Margarita Polo Viamontes, por su valiosa asesoría y ayuda experta en la traducción del título al español.

A mi coautora, por su compromiso, talento y dedicación a este proyecto compartido.

Y, finalmente, **a mis lectores**, cuyo apoyo, confianza

y cariño han significado más de lo que las palabras pueden expresar. Gracias por acompañarme en este viaje. Les estaré eternamente agradecida.

La Habana, Cuba. 1969 Rene, Lissette y yo, con nuestra mamá, Milagros.

Durante un crucero en el Caribe, 2009.

Surcando el viento

por
Susana Jiménez-Mueller

PREFACIO

Los países en los que viví y sus gentes, dejaron una marca en mi. Yo no tenía control sobre el ambiente político en Cuba, ni cómo mis padres lidiaron con la guerra y el exilio.

Tampoco podía cambiar cómo el exilio afectó a una comunidad de refugiados, a mi familia o a mí. Pero en casa, mi hermana y yo fuimos nutridas e instruidas sobre la importancia de la fe, la honestidad, el trabajo, la educación y la fortaleza de una familia unida.

Once meses después de llegar a los Estados Unidos, nuestro mundo se rompió en mil pedazos con la muerte de mi padre en Union City, New Jersey. Eso fue sólo el comienzo de un paisaje en constante transición.

AGUA DE COCO

1957-1959

Agua de coco

Detrás de mi puerta,
piezas de recuerdos se mezclan en sueños.
Soy una niña, una adolescente, una mujer.
Estoy casada.

Soy hecha del sol que toca las copas de las palmas reales en mi patria,
y el viento que empuja las frondas verdes
y el agua de coco no muy dulce.

Llevo la fragancia del café cubano y
pan con mantequilla en mi piel.
Susana Jiménez-Mueller

Las fotografías me traen fragmentos de mi Cuba. Fiestas de cumpleaños con cake, bocaditos, y refrescos. La frescura de la casa de losas en diciembre, un cuadro romántico en la pared, una sola bombilla colgando del techo sin una pantalla sobre la mesa de la cocina, una ventana o puerta abierta.

Los primeros cuatro años de mi vida, fueron como un río lento antes de que tomara velocidad, listo para lanzarse como una cascada. Durante ese tiempo, nuestra familia vivía a diario con esperanza en el futuro económico y político de Cuba.

Mi hermana Gloria 'Glori', doce años mayor que yo y la beneficiaria de mi adoración, asistía a la secundaria.

Ella iba y venía, elegantemente vestida con su uniforme, llevando un montón de libros. Iluminaba la habitación con su sonrisa brillante, y sus caderas se movían como una suave ola mientras caminaba. Quería ser como ella, y usar la bufanda amarilla de uniforme que denotaba su año escolar.

A los tres años, le insistí a mi madre, Martina, que me llevara a la escuela. Ella le expuso mi caso a la directora de un jardín de infantes — un kínder cercano que me permitió asistir medio día unos días a la semana. ¡No podía creer que estaba en la escuela y estaba usando la bufanda amarilla de Glori del año anterior!

Todos en el kínder eran mucho mayores que yo, y me convertí en su muñeca. Era una estudiante disciplinada y de conducta ejemplar que llevaba con orgullo la medalla de buena conducta los viernes. A veces, justo antes del almuerzo, papá me recogía en su bicicleta, con su camisa blanca de manga corta que reflejaba la luz del sol. Yo iba sentada en la canasta de metal delantera como una reina abrazando mis rodillas. Las estrechas calles y aceras se desdibujaban a medida que rodábamos, y finalmente se enfocaban cuando llegábamos a casa.

Otros días, estaban llenos de viajes a la bodega de la esquina con mi madre, jugando sola, o con mi vecina Maritza. Una vez, Maritza y yo nos vestimos de bailarinas de cabaret con sayuelas de crinolinas (armadores) tricolores metidas en la parte delantera de nuestras pantaletas (bloomers) y la parte trasera cubrían nuestros derrieres. Sin blusas, bailamos una comparsa imaginaria a lo largo de la acera, hasta el final de la manzana. Nuestra escapada terminó cuando nos atrapó mi madre, y luego mi trasero llevo el enrojecimiento de nalgadas.

De lunes a viernes, mamá manejaba el ritmo doméstico. La tradición familiar dictaba que a las cuatro de la tarde los niños estuvieran bañados y listos para la merienda, antes de que los papás llegaran a casa. Tal era el caso en nuestra casa y a las cinco, veía comiquitas, sentada en mi mecedora de roble de niña grande, una réplica en miniatura de la que se encontraba en nuestra sala de estar. Mi padre, Orlando, llegaba del trabajo, listo para estar en familia más tarde en el mediodía.

Papá, como empresario, vendía pequeños electrodomésticos. Su inventario y su bicicleta, "el camión de reparto", ocupaban parte de nuestra sala de estar.

Aunque Santa Clara no era un pueblo pequeño, la familia vivía a pocas cuadras unas de otras. Tíos, tías y primos se visitaban regularmente, para beber una tacita de café, y conversar. A veces, los domingos asistíamos a la iglesia, luego las familias y amistades paseaban por el Parque Leóncio Vidal, en el centro de la ciudad.

En diciembre de 1958, el vaivén de la vida cambió con la expectativa de las fuerzas revolucionarias que entrarían a la ciudad. Mis padres me dijeron que no habría Navidad ese año y Santa Claus no existía. - esa información no me hizo menoscabo.

Santa Clara y su gente, se envolvieron en silencio esa Navidad. Cerramos la casa, y nos mudamos a un pequeño apartamento en un pasaje, situado en la calle Colón cerca de tía María, esperando el rumoreado ataque de las fuerzas revolucionarias de Fidel Castro. El cual, envió al Ché Guevara, un revolucionario marxista argentino, y su mano derecha, para capturar la ciudad y dividir la isla a la mitad para mejorar sus posibilidades de ganar la revolución. Esta contradictoria información, sobre el progreso de las fuerzas rebeldes, confundió al público en general. Sin embargo, nuestra extensa familia se preparó para el ataque inminente, almacenando alimentos y trasladándose a casas más seguras o al campo con parientes.

Temprano en la mañana del 29 de diciembre, el Ché Guevara asaltó a la ciudad. En medio de escaramuzas alrededor de la ciudad, Rolando Cubela, lideró el ataque frontal a la comisaría de policía ubicada frente al antiguo Parque del Carmen, donde la ciudad fue fundada cientos de años antes. Durante tres días, la ciudad permaneció en la oscuridad, aterrorizada por el sonido de los disparos y los cócteles molotov explotando por ahí y por aquí. Santa Clara se rindió el 31 de diciembre.

Cuba estaba entrando en un tiempo de cambio, y yo también.

Con cautela volvimos a casa y a la vida cotidiana. Regresé al kínder, y ese febrero participé en la celebración de carnaval de la escuela con crisantemos en el

pelo y vestida de amarillo y negro, como una chinita. Mamá me hizo el disfraz, y Glori se encargó de mi maquillaje y peinado. Ella y yo nos estábamos volviendo inseparables.

Nuestros padres continuaron alerta a los cambios en el país, y reconocieron los signos intangibles del comunismo. Su deliberación, no discutida abiertamente con nadie fuera de nuestra casa, resultó en un plan para usar la América del Sur como un trampolín para exiliarnos en los Estados Unidos.

Un año después de la revolución, nos embarcamos con rumbo a a Venezuela, donde los tíos Máximo y Fermín, junto con sus familias estaban establecidos desde principios de la década del 1950. Mi mundo se desvaneció al ver a los vecinos vaciando nuestra casa. Todo estaba vendido excepto mi silloncito.

Salimos de Cuba esa misma semana, el 17 de diciembre de 1959, en el Virginia de Churruca, un barco de pasajeros español, y llegamos la semana navideña. Meter todos los paquetes en el Ford blanco de tío Máximo resultó imposible, él quería botar mi silloncito, lo único que me quedaba de mi hogar.

¡No!

Papá, conociendo mi apego, descubrió que la manera de salvar la silla era quitarle los balances. El maletero, abultado con cajas, maletas y mi silla mutilada, estaba asegurado con una cuerda en una serie de lazos alrededor del parachoques trasero.

Al caer la noche, nos dirigimos hacia San Felipe, por la estrecha carretera montañosa, un viaje de cuatro horas en esos días. Mamá me sostenía apretada cada vez que una guagua (autobús) o camión nos pasaba exclamando bajo su aliento, —¡Ay Dios mio!

Condujimos hacia el sur, abrazando la perfil de la montaña, y llegamos a San Felipe un poquito después de la medianoche. Una muñeca tan alta como yo, un regalo de mis padrinos, me esperaba en la mesa de la cocina. Una gran tristeza inundó mi corazón, y pensé que no me querían lo suficiente como para comprarme una muñeca que se pareciera a mí.

San Felipe era un crisol con residentes de Europa,

Oriente Medio, Asia y Cuba. Por un tiempo, yo entraba y salía de la melancolía mientras me adaptaba a mi nuevo entorno: una nueva casa, montañas inmensas, mañanas frías y tardes calurosas. Llegué a amar a mi muñeca y me acostumbré a la diversidad cultural.

Mis padres alquilaron una casa colonial, y la sala de estar se convirtió en una bodega. Al igual que en Cuba,

nuestra casa se usó como almacén. Esta vez, el inventario era azúcar en bolsas de veinticinco libras apiladas, mi montaña de azúcar. Yo subía la montaña de azúcar cuando quería estar a solas, para leer o cantar.

Las tradiciones traídas de la isla, chocaron con las costumbres en Venezuela. Específicamente, la población local de San Felipe veía a los cubanos industriosos, como ladrones de trabajo. Era una época de incertidumbre para los adultos donde el grafiti era un recordatorio diario de la desconfianza local. Para mí, fue un tiempo de asombro.

Los domingos por la mañana comía pan francés caliente con mantequilla enlatada danesa, iba al cine a ver los últimos episodios de *The Lone Ranger* y *El Zorro* con papá, y comíamos helado después de la matiné.

Más tarde, en la frescura del aire montañoso, nuestra pequeña familia paseaba por la plaza principal durante la retreta, el concierto de banda al aire libre donde los inmigrantes se convertían en una comunidad, tocando instrumentos de sus tierras natales.

LAS MEDIAS

1961

¿Qué recuerdos nos atrapan dentro de una imagen como telarañas? ¿Recordamos el día en que se tomó la foto, así como las circunstancias? ¿Recordamos los olores y los sonidos que nos despertaron o lo que desayunamos? ¿Podemos extrapolar de una imagen en blanco y negro, qué colores llevábamos puestos?

La foto de mamá y yo sentadas en la parte inferior de la enorme rueda me recuerda a ese domingo por la mañana cuando la casa estaba ruidosa. Papá, mamá, mi hermana Gloria y yo nos estábamos preparando para ir a visitar la nueva finca del tío Fermín donde estaba construyendo una refinería de azúcar cerca de San Felipe, en Venezuela.

Toda la familia había sido invitada, unos treinta de nosotros.

La casa olía a café recién colado, azúcar y leche hervida. Hoy no tendríamos nuestro desayuno dominical: pequeños baguettes franceses calientes con mantequilla sueca Brün.

Aun soñolienta, fui a mi habitación, y me senté en la cama esperando medias limpias.

—Mi niña, ponte los zapatos. Mamá dijo cuando entró en la habitación que yo compartía con mi hermana Gloria, quien ya era una señorita, y donde nuestra famosa máquina de coser Singer estaba lista para transformar cualquier tela en hermosas creaciones bajo las manos expertas de mamá.

—¡Los tenis no se usan sin medias, Mami!—le dije sentada al borde de la estrecha cama. Estaba segura de que mamá había notado la angustia en mi voz, pero en ese momento no sintió imprescindible reconocer mis sentimientos. Después de todo, en 1960 los niños eran vistos y no escuchados. Su comportamiento sensato gritaba sin pronunciar una sola palabra: Yo soy la mamá. Debemos irnos ya.

Me di por vencida y me puse los tenis blancos sin medias. La sensación de mis pies tocando la lona donde el lienzo se une con la plantilla de goma era diferente, y sentía como si los dedos cobraran vida dentro de los zapatos.

Me sentí más que miserable, me sentí insignificante.

A los seis años pensé que yo tenía un agudo sentido de la moda. «Mi día estaba empezando mal. ¡Sin baguettes, ni medias!»

«¿Por qué no tengo medias limpias? Gloria puede vestirse como quiera, ¿por qué yo no?»

¿Por qué llevo una blusa a rayas y pantalones cortos a cuadros?»

Y así sucesivamente fue el monólogo interno. En poco tiempo, llegó el tío Máximo, y salí por la puerta principal detrás de mamá. Me subí al asiento trasero de su Chevy de 1959, y me senté allí como una momia enfurruñada y avergonzada. Sentí y sabia ¡que todos los ojos estaban puestos en mí!

Llegamos a la finca y al bajarnos del carro sentimos la humedad rezumando de cada caña de azúcar. El sol de la mañana era feroz, e incluso a la sombra hacía calor. El área de los equipos para la construcción futura estaba libre de malezas y el polvo se elevaba en bocanadas mientras caminábamos. La arenilla se calaba en mis tenis alojándose entre mis dedos y debajo de las uñas. ¡Odiaba la sensación!

De cerca, el cañaveral era opresivo. Nunca había

visto la caña de azúcar de cerca. Lo más cerca que había estado de la mata, alta y cubierta de hojas era como pasajera en el jeep de mi tío cuando viajamos de San Felipe a Chivacoa; las largas hojas de las cañas bailando siempre en el viento, doblándose a la diestra y la siniestra en olas de verde, cubriendo el horizonte hasta donde alcanzaba la vista.

Después de un rato, me sentí atraída por la conversación de los adultos, y mamá me sentó en silencio en la parte inferior de la gigantesca rueda de refinería. Escuche la discusión sobre el cultivo de caña; cuándo estaría lista y cuánto tiempo llevaría construir la refinería; fue entonces cuando papá nos tomó la foto.

Nadie sabía que yo estaba prestando atención y nadie me estaba prestando atención a mí o a mis tenis.

Cuando miré esta foto antes, solo vi a mamá y a mí, siempre recordando lo pobre que me sentí ese día. Hoy, también noto la sombra de mi padre. tomándonos una foto, siempre como fotógrafo; un amor que debo haber heredado de él. También veo una torre, el comienzo de una estructura industrial.

No lo entendí entonces... Mamá era la dueña de su propio armario y se adelantaba a su tiempo en lo que respecta a la moda; mezclando colores y diseños que se complementaban entre sí. Ella era única en todos los sentidos y su ejemplo me impregnó valor para ser yo misma.

No tendría ningún problema en usar el mismo atuendo hoy... bueno, si todavía tuviera mi figura de jovencita. Ahora uso tenis sin medias y me encanta.

¿VAMOS O NO VAMOS?

1962-1963

A finales de 1962, papá vendió la bodega, y fuimos a la capital para esperar la cita de la embajada estadounidense y nuestras visas.

En Caracas, vivimos en El Hotel Comercio durante un mes donde me trataron como una persona de gran importancia. Todas las mañanas el personal de la cocina me preparaba tostadas de pan con mantequilla, cortadas en tres largos trozos crujientes, y yo comía mi desayuno en el bar del comedor.

Para conseguir una visa americana había que demonstrar que se entraba al país con miles de dólares. Aunque este requisito estaba cumplido, las visas no nos fueron concedidas porque los adultos no tenían trabajos esperándoles en los Estados Unidos. Gracias a Dios, el primo Pedro, que vivía en Union City, New Jersey, se ofreció para conseguir las cartas de trabajo para mis padres y mi hermana.

Con las alas caídas, volvimos a San Felipe donde papá abrió una bodega más pequeña. Esta vez, no compartimos nuestra casa con la nueva tienda, y me dijeron que necesitábamos frenar los gastos, y rescindir mi libertad de comer y beber de los comestibles refrigerados en la bodega - especialmente los refrescos de naranja.

Ese año, la meta familiar fue reponer los ahorros en preparación para el viaje y asegurar las cartas de trabajo, el último requisito para obtener visas de entrada a los Estados Unidos.

Las maletas estaban casi empacadas listos para nuestro viaje a América. Pero el 22 de noviembre llego a nosotros como un relámpago la noticia que el Presidente

Kennedy había sido asesinado en Dallas, Tejas.

Me acuerdo que era por la tarde cuando la radio dio la noticia. Papá y mamá estaban abismados, tristes, y conmovidos. Ellos no podían creer que el Presidente Kennedy estaba muerto, y con el la esperanza de una estabilidad mundial. Especialmente después del asunto de los misiles rusos en Cuba.

Papá comentó que tal vez no era una buena idea mudarse a los Estados Unidos después de todo.

Escuché a mamá decir:—Es el mejor recurso que tenemos. —Tú has dicho siempre, y acepté que tarde o temprano, Estados Unidos seria el único país libre en el hemisferio occidental. Debemos mantener nuestro plan. El asintió cabes bajo, muy pensativo.

A finales de 1963, la embajada otorgó las visas y regresamos a Caracas por ultima vez para empezar nuestro viaje a Los Estados Unidos.

¿PUEDO APRENDER A CAMINAR SIN TI?

1964-1967

¿Puedo aprender a caminar sin ti?

Ayer tenía nueve años.

Mi mano en la tuya...
En invierno, a principios de primavera y verano caminamos,
pero no tanto ese otoño.

Hojas revoloteando, aire frío, Halloween.
Nuevas experiencias sin ti.
¿Dónde estás? Me preguntaba.

Si solamente hubiera sabido que
te irías con la primera nieve.
25 de noviembre de 1964.
  Susana Jiménez-Mueller

Los planes para mudarnos a los Estados Unidos, culminaron cuando desembarcamos en Ft. Lauderdale en enero de 1964. El primo Manolito, nos esperó en el puerto y nos llevó a un hotel del centro de Miami. La habitación del hotel, con el aroma de muchos viajeros, incluía una radio situado en una vieja mesa de noche que funcionaba con monedas.

Un par de días más tarde, equipados con ropa pesada de invierno comprada en una tienda del Ejército de Salvación, salimos de Miami en un autobús Greyhound de dos niveles.

En una parada de camiones de Carolina del Norte, más tarde ese día, Glori y yo nos sentamos con nuestros padres para tomar chocolate caliente y comer nuestro primer pastel de manzana. La corteza gruesa y pastelera cubría trozos de manzanas cocidas - todavía puedo recordar el olor y el dulce sabor.

El resto del viaje nos llevó a través de tierras de cultivo aisladas con casas vestidas con luces de Navidad. Cruzando los brazos, mamá comentó, mirando la noche plateada, —¿Ves esas casas con sus pequeñas luces? Parecen tristes. Nunca me gustó la soledad del campo.

Llegamos a la ciudad de New York en la noche, después de veinticuatro horas en la carretera. La nieve, dentro de la terminal de autobuses, se parecía a mi montaña de azúcar. ¡Me parecía haber entrado a al país de las maravillas, refrigerado y podía ver mi aliento! Desafortunadamente, el gran abrigo verde de ejército no me abrigaba lo suficiente.

El primo Pedro nos esperó en la terminal, y después de unos cálidos saludos, nuestras maletas fueron recogidas, y nos fuimos al apartamento del primo Cheo en Union City. Tomamos el túnel Lincoln a New Jersey. La nieve sucia, amontonada a lo largo de las paredes del túnel, reflejaban las luces de los carros que pasaban y se filtraban a través del humo proveniente de los cigarrillos de Papá y de Pedro.

Entramos en el edificio, después de pasar debajo de una gran cantidad de árboles desnudos con ramas retorcidas, y dobladas bajo el peso del agua congelada. Subimos las escaleras, y después de más saludos, abrazos y besos, soltamos nuestros abrigos. El calor, seco y asfixiante, asaltó mis pulmones. Me senté en el sofá junto a una ventana esmerilada, luchando para identificar la silueta de un columpio cubierto en nieve.

Mentalmente, el columpio marco una comparación con la hamaca colgada en el patio trasero de tío Máximo en San Felipe.

A la mañana siguiente, Papá alquiló un apartamento en la Avenida Bergenline y me inscribió en el cuarto grado en la Escuela Primaria Roosevelt. Me enseñó ir a la escuela, ubicada a unas cuadras de distancia, y el primer día de colegio, me dio un beso y me entregó al vicedirector, quien me acompañó a clase.

La maestra nos saludó en la puerta e hizo un gesto dándome a entender que me quitara el abrigo. Entré en un largo clóset tenuemente iluminado.

El olor de los abrigos colgados y el de las botas embarradas con lodo inundó mis sentidos. Colgué mi abrigo, metí los guantes en uno de los bolsillos y la seguí al frente de la clase. Ella me presentó, masacrando mi apellido: Jiménez se convirtió en Géminis. Y yo, deseando internamente que Papá, que era bilingüe, se hubiera quedado conmigo.

Veinte pares de ojos me miraban, mientras estaba parada frente al escritorio de la maestra. Su mano, cayó ligeramente sobre mi hombro mientras señalaba un asiento junto al registro de calor, debajo de la ventana ancha. Tomé mi asiento, mirando a la fila de casas de dos pisos al otro lado de la calle.

Una nieve fresca cayó a media mañana, y cuando sonó la campana despidiendo la clase para el almuerzo, salimos de la escuela ansiosos por llegar a casa. Caminando sobre la nieve crujiente, me desorienté y retrocedí, aliviada al ver un punto de referencia familiar, el bar de la esquina en Bergenline Avenue.

No conseguía adaptarme. Aprendí imitando a los demás: saca un papel, dóblalo por la mitad, enumera el papel del uno al diez en cada otra línea y de once a veinte en el lado opuesto, escribe tu nombre y la fecha en la esquina superior derecha, y toma la prueba de ortografía - excepto que yo no sabía las palabras.

Había reglas, tantas reglas en la escuela. Mientras estaba en clase, la maestra no permitía que el primo Tony, que hablaba inglés con fluidez, tradujera para mí, lo que aumentaba mi sensación de aislamiento.

Me gustaba cuando íbamos a la biblioteca de la escuela, me sentía segura sentada en la mesa de madera oscura junto a la ventana arqueada, rodeada de libros, y no necesitaba hablar con nadie.

El día de San Valentín, los niños intercambiaron pequeñas cartas dobladas por la mitad, llenas de pequeños sobres. Recibí muchas, pero no pude corresponder porque no sabía que debía traer tarjetas para todos. ¿Quién implementa todas estas reglas? Una ola de calor viajó desde mi garganta, envolviendo mis mejillas. Me hundí en mi escritorio entre miradas curiosas y los imaginé riéndose de mí. Quería que la tierra se abriera y me tragara.

Un lunes, más tarde ese mes, llorando inconsolablemente, me negué a ir a la escuela. La frustración, me inundo y le dije a mis padres: — ¡No regreso a la escuela!

Mis padres trataron de averiguar cómo lidiar con la situación, y mientras tanto, llegó el martes y también el miércoles. El viernes, mi corazón salto al oír un fuerte golpe en la puerta. Mamá no la abrió porque no podía entender al oficial. Mas tarde ese dia, el oficial regresó con mi prima Maggie, la hija de Cheo, que asistía a la misma escuela, pero en un grado superior.

Mamá abrió la puerta a un hombre vestido de azul, personificando la autoridad y supe que no podía escapar ni esconderme.

El interrogatorio comenzó mientras Maggie interpretaba:

—¿Por qué no estás en la escuela?

Y luego a mi madre,

—¿Entiende que es contra la ley mantener a un niño en casa?

Mamá se irguió más alta que su estatura de cinco pies y con las piernas separadas en una postura protectora, le dijo:

—Ella no puede comunicarse y se siente aislada y triste. La maestra no permite que Tony la ayude. Ella se niega a volver a la escuela.

Maggie tradujo su respuesta.

—¿Quién es Tony? —le preguntó el oficial a Maggie.

Después de mucha conversación, el oficial dijo que hablaría con el director del colegio para ver como se podía arreglar el problema. Sin embargo, yo necesitaba regresara la escuela el lunes siguiente. Maggie intercedió por mí, así como mis padres y otros primos.

La maestra estuvo de acuerdo en que Tony me ayudara a manejar las reglas del colegio y traducir. Sentada al lado de Tony, las palabras poco a poco se hicieron familiares, y enseñé a otros cómo dividir- La matemática era mi idioma.

Los domingos, nuestra familia se reunía a menudo para comer en casa de uno de los primos. El primo de Papá, Guillermo, un arquitecto que vivía en Manhattan, nos visitaba. El primo Manuel de Venezuela, estaba asistiendo a la universidad en un pueblo cercano, y él también se unía con nosotros. La mayoría de las veces, los primos de New Jersey conversaban sobre la situación en Cuba, la política y en general sobre las actividades de la semana. Los hombres siempre iban vestidos con traje y corbata. Mamá llevaba su collar de perlas, y mis padres se conectados el uno al otro, con una sonrisa o una breve caricia.

Llegó el día de San Patricio, y todos en la escuela se vistieron de verde. Yo tenía un abrigo verde y guantes, así que no me sentí fuera de lugar. Más tarde ese día, caminé por la cuadra hasta la panadería con mi hermana para comprar pasteles decorados con hombres pequeños llamados duendes. Los pasteles verdes me llevaron directo al cielo. Debo admitir que todo me sabia mas rico en temperaturas de cuarenta grados Fahrenheit.

Un nuevo abrigo de poliéster azul clarito llegó con la primavera. ¡No más abrigo militar! De camino a la escuela, pasé por el lado de tulipanes y otras flores que brotaban del suelo frío frente a las casas, y mi espíritu se elevó.

Me hice amiga de Lucy, la hija del superintendente del edificio, y jugábamos en su pequeño patio detrás del edificio de apartamentos. Un caluroso día de verano en junio, el cielo se oscureció temprano rápidamente, y corrimos dentro asustadas, buscando a nuestros padres pensando que el mundo se estaba acabando.

El verano del 1964 trajo otros desafíos en forma de varicela, un incendio en nuestro edificio de apartamentos, y la hospitalización de Papá y su diagnóstico de cáncer.

Cumplí los diez años en septiembre, y di la bienvenida al otoño y a un nuevo año escolar. Por las noches, mi hermana y yo ayudamos a Mamá a cortar rosas bordadas en yardas de tul. La primera vez que me entregó las tijeras, dijo:

—Ten cuidado, tenemos que pagar diez centavos por cada una que arruínesenos.

Las tijeras y su amonestación pesaron en mi mano mientras luchaba por cortar cada rosa de su base. En Halloween, no cortamos rosas. En cambio, me vestí de payaso y por primea vez participe en *trick-or-treating* - una tradición donde los niños piden dulces o hacen trucos si no reciben dulces, mientras Glori documentaba la experiencia con fotografías.

Las calles cobraron vida en colores carmesí y oro con hojas cayendo y revoloteando en el viento. Papá pasaba la mayor parte de sus días en cama, y yo sólo me aventuraba a verlo de vez en cuando, su cuerpo adelgazaba cada vez más, el cáncer devorando su vida y la nuestra.

Una noche, estaba mirando la televisión en el sofá cama, y Mamá me pidió que apagara el set. No lo hice. Papá reunió suficiente fuerza y dejó el dormitorio para enfrentarme.

—Apaga el televisor. Presta atención a tu madre. Escúchame. ¡Aún no estoy muerto!

Esas palabras se clavaron en mi ser y han permanecido conmigo a través de los años, manteniéndome en una recta y estrecha senda.

Mamá lo cuidó, y el 25 de noviembre, me pidió que viniera y le dijera adiós. Él había perdido la vista y su frágil cuerpo se parecía al de una víctima de Auschwitz. El levantó la mano un poco para darme un pequeño pedazo de papel de cebolla fina. La nota decía que fuera a casa de la prima Berta, que fuera una buena niña, y que me vería pronto. Mis padres deben haber planeado esa despedida semanas antes cuando el aun podía ver y escribir.

En casa de Berta, me pare en la venta de un cuarto mirando a el cielo rojizo lleno de nubes, se esperaba nevada. Esa noche me acosté en un colchón en la sala y sentí que nos dejaba. Papá murió esa noche.

Mamá aterrizó en el hospital días después del funeral con un ataque de ictericia, y Glori nos mudo a un edificio más cerca del hospital. La mudada significo un distrito escolar diferente y aprender el camino a una nueva escuela. Me uní a la clase justo a tiempo para un intercambio de regalos de Navidad, y traje creyones y un libro de colorear como regalo. Con consternación y vergüenza, vi la mirada de desdén de la muchachita al abrir mi regalo. Quería que la tierra me tragara de nuevo.

Mamá volvió a casa justo antes de la Navidad, y la atendimos. Otra mudada en enero y de vuelta a Bergenline Avenue y la familiaridad del último vecindario y la escuela.

Las tres dormíamos en la misma cama con todos nuestros abrigos apilados sobre nosotras para sobrevivir las noches frías.

Tío Pedro, el hermano de mamá, llegó de Venezuela y venia a verla todos los días para almorzar juntos. Ella lo mimaba cocinándole pure de malangas, ya que el sufría de ulceras estomacales. A pesar de que sus visitas eran un gran consuelo, Mamá decidió mudarnos a Miami, donde podríamos vivir sin tener que saber hablar el idioma. Ese invierno, escapamos los días fríos y oscuros, pero no renunciamos al sueño de un futuro en los Estados Unidos.

Vivíamos en el suroeste de Miami, donde los cubanos se enfrentaban a los cambios y al exilio - La Sawesera. Mamá trabajaba en una fábrica cosiendo zippers, y yo asistía a la Escuela Primaria Riverside.

La pelea de Glori contra el Lupus resurgió como resultado del estrés después de la muerte de nuestro padre. Para mi hermana, las estancias en el hospital se hicieron frecuentes a medida que lidiaba con su dolor físico.

Pronto me convertí en la traductora de la familia, y me enamore de la lectura cual me ayudaba a remontarme a mundos de fantasía; a menudo leyendo en la cama a la luz de una luna llena, soñando con una vida mejor para nosotras.

El dinero que mis padres trajeron para empezar en el exilio se esfumo con la enfermedad de Papá. Aunque mis tías y tíos en Venezuela nos ayudaron emocional y económicamente, luchábamos para llegar a fin de mes, nadando aguas económicamente profundas durante nuestros primeros tres años en nuestro segundo exilio.

Durante el verano de 1967, pasé una semana en la casa del primo Manolito y su esposa Edith en Hialeah. Monté en una montaña rusa de madera en una feria, comí helados y hamburguesas, y dormí en literas con sus hijos. Sin saberlo, la situación monetaria en casa había alcanzado su clímax.

No había dinero para comprar víveres. Glori, que se sentía mejor después de recibir múltiples tratamientos de cortisona, inventó un plan y se asoció con una vecina para organizar una fiesta en el edificio de apartamentos donde vivíamos. Cada familia aportaría un dólar, y todo el mundo podría tener un montón de comida sobrante.

La idea era ingeniosa - Glori era así.

Regresé a casa el fin de semana siguiente a un edificio lleno de música y risas. Mamá había hecho arroz con pollo, plátanos maduros fritos, ensalada, y teníamos muchos refrescos. Antes de ir a la cama, Glori me dijo cómo llegó a ser la fiesta y que me habían 'mandado' a casa de los primos porque no había comida en la casa. Enfurecida, le dije a mi madre y a mi hermana: —Nunca más. No me manden lejos. ¡Nunca!

En diciembre de 1967, cuando la guerra en Vietnam se estaba desatando y la noticia constante de un mundo caótico inundaba los medios de comunicación, y entraba en nuestra casa a través de la televisión y la radio, regresamos a Venezuela en busca de la seguridad de nuestra familia.

Poco a poco, estaba aprendiendo como caminar sin mi padre.

HELADO DE GUAYABA

1968-1969

A los trece
Sostengo el vaso de aluminio azul congelado
y saboreo lentamente cada bocado.
Medito sobre mi vida en ese momento,
preguntándome qué es lo correcto.
    Susana Jiménez-Mueller

Pasaron seis meses desde que volvimos a la protección de nuestra familia en Venezuela para cuidar la salud de mi hermana y sobrevivir. El plan no funcionó. No pudimos encontrar un médico allí para mantener el lupus de Glori a raya. Por lo tanto, mi hermana, que en ese entonces tenía veinticinco años, regresó a los Estados Unidos en busca de tratamiento y su última pelea contra la enfermedad. Mamá y yo nos quedamos atrás para terminar el año escolar.

Tenía trece años cuando ella y yo nos mudamos a una casa de alquiler en San Felipe. Ella eligió el vecindario por su proximidad a mi escuela secundaria, El Liceo Arístides Rojas. Las calles eran limpias y la arquitectura nos recordaba a una época colonial y a nuestra Santa Clara. Las casas compartían una pared, pintadas en diferentes colores apagados. Inclinadas, se apoyaban unas contra las otras, arraigadas en la ladera de la montaña. Nuestra humilde casa tenía dos cuartos, una sala de estar, un comedor al aire libre con una cocina adyacente, y un pequeño patio trasero con un gran árbol. La ventana de mi habitación daba a la Calle 14.

Desde la muerte de Papá, Mamá se había consumido con la lucha contra la enfermedad de Glori, y ahora por primera vez yo la tenía toda para mí. Me sentía extraña tener tanta atención personal en un mundo reducido a ir a la escuela y a veces visitar a familiares y amigos. Por la mayor parte, solamente recibíamos las visitas diarias de tío Máximo y las cartas de Glori, no habían otras distracciones. Teníamos un radio, pero ni televisión ni teléfono.

Era 1969 y habíamos puesto a un hombre en la luna, sin embargo, en nuestra casa podría haber sido a principios del 1900, con una iluminación deprimente no apropiada a la lectura. Añoraba leer mis libros de misterios e ir a la biblioteca. Extrañaba a los Estados Unidos.

En esta condición humana, el helado de guayaba casero me esperaba en un vaso de aluminio azul todos los días después de la escuela. Mamá nunca se perdió un día de hacerme helado, y siempre anticipé llegar a casa para esa delicia. Años más tarde, me dijo que estaba recuperando el tiempo perdido conmigo. Mirando hacia atrás, estar a solas con mi madre fue una oportunidad para observar cómo ella lidiaba con dos situaciones, una potencialmente peligrosa, y otra pegajosa. La primera lección comenzó una noche.

Hubo un estruendo en mi cuarto.

Me senté de golpe en la cama con suficiente tiempo para ver la trayectoria de la piedra terminando en el piso a un par de metros de mí. La luz de la calle que invadía mi ventana convirtió los bordes irregulares de la ventana rota en un prisma.

Mamá corrió susurrando:

—¿Estás bien? Ven rápido. Aléjate de la ventana.

Entonces gritó el nombre de su hermano en voz alta.

—¡Máximo, levántate y ven pronto! ¡Levántate, ven

rápido!

Mamá uso el nombre de mi tío como disuasivo de seguridad y quería que los atacantes pensaran que había un hombre en la casa. Al instante, mi perro ladró, despertando al resto del vecindario. Sin encender las luces, caminamos por el pasillo hasta su cuarto y nos sentamos en la cama.

Ella se inclinó cerca de mí diciéndome:

—Es hora de que hagamos amigos.

—Pensé, ¿hacer amigos con quién? Yo conocía a algunos de los muchachos que vivían en nuestra manzana porque todos los días íbamos a la escuela en un por puesto, un taxi con una tarifa cobrada por asiento.

En el claroscuro de la habitación, mi mirada perpleja llegó a ella.

Continuó:

—Somos extranjeras en este país, una viuda y una joven adolescente. Somos el blanco perfecto para la gente ignorante. Gente que nos odia por ser cubanas y por colmo hemos vivido en los Estados Unidos.

Tomando un respiro, dijo:

—Tus tíos son hombres de gran importancia económica en esta comunidad. Y no les caemos bien a los vecinos porque hay una percepción que los cubanos le han quitado trabajos a los venezolanos. Tu padre y yo teníamos la bodega en la 3a Avenida en el 1962, y me acuerdo de los grafitis en las paredes ¡Cubanos - regresen a Cuba!

—Tengo miedo ir a la escuela mañana. No sé quién me odia.

Ella respondió:

—Te quedarás en casa. Ven, vamos a hacer un poco de atol.

El atol era nuestra bebida precolombina ancestral hecha con leche, maizena y azúcar. Tomamos la bebida caliente, espesa y dulce y dormimos juntas. Al día siguiente trasladamos mi cama a su habitación.

Ese mismo dia, después del almuerzo, se lavó la cara y corrió un peine a través de su pelo ondulado y canoso, luego puso cuatro tacitas en la bandeja de peltre y las llenó de café.

—Mamá, ¿qué estás haciendo?

—Voy hacer una visita a los hombres del COPEI para presentarnos. Ven y ábreme la puerta.

Cuando ella aludía de 'hacer amigos', se refería a hacerse amiga de los hombres en la sede de COPEI, situada sólo dos casas al norte de la nuestra. COPEI, El Comité de Organización Política Electoral Independiente. Ellos exponían una ideología política democristiana que abogaba por un compromiso con los principios del mercado social y un intervencionismo calificado, palabras clave socialistas.

Vi a mi madre salir en el mediodía caluroso, cruzar la calle y acercarse a los hombres sentados en la puerta de la casa verde. Mi garganta se apretó mientras veía como ella les ofrecía el café. Los dos hombres la invitaron a entrar.

Los oí decir: —Entre doña.

Sentí una eternidad pasar hasta que vi su figura descendiendo lentamente los escalones y regresar por la estrecha acera. De vuelta a casa, me dijo que se presentó como cristiana y la viuda de Orlando Jiménez. Les explicó que vivíamos solas, y nuestra casa había sido apedreada la noche anterior, agregando que yo podría haber sido herida. Ella se dio cuenta que sus palabras no les llegaron con gran sorpresa. Ella los ganó con retórica y pidió su protección.

¡Mi madre entró en la guarida del lobo y sobrevivió!

Más tarde, me convertí en la mensajera de plátanos y otras frutas de la finca de tío Máximo que Mamá siempre dejaba a un lado para nuestros guardianes.

En lugar de más piedras por mi ventana, un joven que trabajaba para otro tío me serenó una noche. Nunca supimos cómo el muchacho supo dónde vivíamos, excepto que, como familia, estábamos siendo vigiladas.

La segunda lección comenzó un miércoles de julio.

Tío Máximo llegó vestido de campesino, con botas negras lodosas. Llego feliz. Traía una gallina viva y deseaba comer un fricase de pollo. Enmarcando la puerta con su figura corta, ofreció el regalo de plumas extendidas aleteando y dijo:

—Aquí tienes Marta. Hazme un fricase para el almuerzo mañana.

Horrorizada, le contesto:

—¿Estás loco? ¡No he matado un pollo en años!

—Hermana, es como montar a caballo. Simplemente no se olvida.

Tío Máximo ató el espléndido espécimen blanco al grifo de agua en el patio a pocos metros del perro, una mala idea. Terri, mi perro, nunca había visto un pollo y gruñó como diciendo, *intruso, intruso, alerta, alerta.* Atado al árbol, luchó contra la correa que lo sujetaba y aullaba, *¡Suéltame! La atrapare por ti.*

Sin ninguna preparación, Mamá y yo subimos los escalones al patio.

Señalando a la gallina ella dijo:

—Sue, tráemela. Estoy lista.

Me acerqué al ave lentamente. Pensé que me lanzaría

sobre la criatura y la agarraría alrededor del pecho, lejos de su pico puntiagudo. La gallina, entendiendo su futuro maldito, se quejó y tiró de la cuerda delgada que la sujetaba al grifo, tratando de volar con un pie amarillo escamoso en el aire, el otro bien conectado a tierra. El agitado Terri tiro de su correa tan fuerte que se puso de pie con sus patas traseras, aullando,

—*Te digo en serio. ¡La quiero!*

En un gran salto el pájaro tomó vuelo, rompiendo la soga. La perseguí, zigzagueando por el pequeño patio, tratando de atraparla cada vez que saltaba en el aire. Nubes de polvo se elevaban detrás de nosotros.

Mamá gritaba instrucciones:

—Rápido, agárrala. A tu izquierda. Corre, corre.

Perseguí a la gallina blanca, y ella mareada en su huida, voló hasta Terri. Terri rompió la soga que lo tenía atado al árbol y la agarró por el cuello, sacudiéndola de un lado a otro. Llegué a Terri y le di una nalgada, sorprendiéndolo, y por un breve momento, se le cayó el ave. Agarré la gallina. El perro ladraba, Mamá gritaba, y todos corríamos uno detrás del otro en un estrecho circulo.

Finalmente agarré la gallina y sentí su corazón golpear a través de sus plumas, en la palma de mi mano.

Entregué la gallina a su terrible destino y me aferré a Terri para que no la atacara.

Mamá la tomó por el cuello y la giró en el aire gritando con cada impulso,

—No puedo hacerlo. No puedo hacerlo. No puedo hacerlo.

A la tercera vez, soltó el pájaro en el aire. La gallina aterrizó de lado y se puso de pie tambaleándose. Terri escapó de mi alcance y fue tras ella, pero Mamá se interpuso entre el perro y el pájaro, como un jugador de fútbol lista para interceptar.

Até a Terri al árbol.

El jueves, tío Máximo llegó salivando, cuando para su consternación no había fricase. Ese día comió un almuerzo de huevos fritos, arroz blanco y plátanos maduros. Sus últimas palabras al salir de la casa fueron:

—Mañana fricase, ¿verdad? Sé que puedes con esto.

A la siguiente mañana, después de más ladridos de perro y de persecución de gallina, Mamá la mató, y el olor a sangre llevó al perro a espasmos de lobo.

Los siguientes pasos fueron hervir el agua, sumergir la gallina en el caldero caliente, y arrancar las plumas. ¿Cómo podía ese pájaro tener tantas plumas? Conté diez, veinte, treinta plumas como una alfombra blanca esparcida alrededor de nuestros pies.

Luego de desplumar, lavar y limpiarla, se le añadió la cebolla, pimienta, comino, ajo, sal y una lata de salsa de tomate. Mamá hizo arroz blanco, frío los plátanos. La mesa estaba puesta para una persona. Tío Máximo llegó y entró en la cocina encantando con los olores de la cocina.

—¿No van a almorzar conmigo?"

Mamá respondió:

—Oh, ya comimos. Lo siento. Teníamos tanta hambre.

Él se sentó a su almuerzo, y le hicimos compañía. Después del primer bocado, la sonrisa en su rostro le rindió homenaje a la gallina que le dio la vida por su estofado. El almuerzo terminó, y después de que él se fue, Mamá y yo nos miramos, y sin decir una palabra, ella fue a la cocina, tomó la cazuela negra por ambas asas, y sirvió al perro el fricase de pollo.

Mamá y yo vivimos juntas hasta el fin de ese año cuando ella viajara a los Estados Unidos para ayudar a Glori. Mi hermana, estaba enferma y sola en Miami, entrando y saliendo de hospitales, lidiando con médicos y tratamientos. Ella necesitaba a nuestra madre más que yo.

Me quedé bajo el cuidado de mis padrinos, tío Máximo y su esposa Luisa, para terminar el año escolar. Todas las noches me rendía a dormir llorando, procesando la soledad de mi situación. Durante el día, sin embargo, anclada en los recuerdos creados durante los meses anteriores con mi madre, aprovechaba su fuerza, que le dio forma a la mujer en la que me convertiría.

UNA NOCHE EN MIAMI

1972

Era julio de 1972 y estábamos de nuevo en Miami. Pasamos la primera noche en casa de Rosario, la mejor amiga de mi madre y vecina de Cuba. Al día siguiente, Gloria fue hospitalizada en el Jackson Memorial Hospital debido a una recaída de lupus. Esa mañana mientras yo le hacia compañía a mi hermana, Mamá alquilo una habitación en un viejo hotel cerca del hospital.

En la tarde, dejamos a mi hermana normalizada y nos encaminamos al hotel. A pesar de que estaba cansada, no pude evitar notar las grietas de la amplia acera brillantes bajo el sol.

El vapor de agua revoloteaba alrededor de mis piernas haciendo pegajosos mis cortos chores. Con cada paso, el calor de la tarde presionaba sobre nuestros hombros. ¡Definitivamente era Miami en julio!

Para pasar el tiempo le pregunte a Mamá: —Mima, ¿como encontraste dónde alquilar una habitación tan rápido?

Ella no me contesto, quizás por el cansancio o la situación abrumadora en que nos veíamos.

En unos minutos, llegamos y entramos por el jardín Florideño vestido de hibiscos rojos. La habitación, situada en el segundo piso y del tamaño de un armario tenía una amplia ventana con vista al jardín; no tenía aire acondicionado, ventilador ni extractor de aire.

¡El lugar era tan sofocantemente pequeño que parada en la ventana podía extender un pie y tocar la angosta cama!

Después de un rato, por encima del hombro derecho vi a Mamá, su figura parcialmente escondida detrás del refrigerador, doblada sobre una hornillita. Volví mi atención al jardín para escapar mentalmente cuando el aroma de café cubano me alcanzó ¡que rico, Mima había hecho café!

En nuestras vidas, el café lo resolvía todo. Era parte de nuestro mecanismo de enfrentarnos a las vicisitudes. Bebí el dulce elixir observando oscurecer el verdor de las matas mientras las sombras avanzaban en el patio, y de pronto la noche entró a la habitación.

Un suspiro laborioso se escapo de mis labios, pensando que la noche seria larga sin televisión, radio, libros, ni revistas que nos entretuvieran o nos llevaran al adormecimiento.

Abrí la maleta para escoger la pajama más ligera y entré al baño de losas blancas de la década de los cuarenta, ya besada por el moho negro. Todo olía a a viejo y parecía que nada había visto cloro en mucho tiempo - otra víctima del clima tropical.

Con cautela, entré en la bañadera, cerrando los ojos para escapar una vez más del momento, y dejé correr el agua fría sobre mi cuerpo.

Me di una, dos, tres, cuatro duchas esa noche - perdí la cuenta. Tras tantas veces, me despoje de la pajama. Vestirme, era un ejercicio fútil porque el calor secaba mi piel antes de llegar a la dura cama.

La ligera sábana apenas cubría la desnudez de mi cuerpo agotado. En algún momento antes del amanecer, el calor derritió mis párpados en sueño.

Estuvimos allí solo una noche.

NO HAY NARANJAS PARA TI

1974-1975

Naranjas
En el calor del verano eterno
el sabor del jugo de naranja ya no existe.
  Susana Jiménez-Mueller

A principios de los años setenta, al borde de una vida idílica similar a la televisión estadounidense estaba nuestra comunidad inmigrante cubana, que servía café con leche, pan caliente con mantequilla para el desayuno y unos almuerzos con una abundancia de frijoles, arroz y plátanos.

Por las tardes, cuando yo no estaba en la universidad, tomaba café adulzado y disfrutaba escuchando grabaciones de Pototo y Filomeno, un viejo dúo de comedia cubano en la estación de radio cubana local. La mayoría de los días, se oían las voces de los comediantes superadas de risas provenientes de otros apartamentos tipo estudio.

En enero de 1974, vivíamos en Flagler Street frente a mi Alma Mater, Miami Senior High School, rodeada de mi lengua materna.

Comprábamos mandados a crédito, incluyendo carne de la cercana bodega cubana que siempre tenía gladiolas frescas a la venta en un cubo de agua colocado cerca de la puerta.

La farmacia Navarro en la Avenida 16 vendía remedios familiares como aceite de hígado de bacalao, y Numoticine, también Coty polvo facial, y colonia Violetas de Agustín Reyes.

La gasolinera de la 27 avenida era propiedad de cubanos, y me trataron siempre como familia. Incluso la lavandería al lado de la gasolinera tenía pancartas en español y olía a fruta fresca.

Los sábados, mi ritual americano incluía despertarme tarde, comprar jugo de naranja y una docena de rosquillas Krispy Kreme en Zagamys, una bodega judía al final de la calle en la 23 avenida. Ahí no había pancartas en español.

Un día, llegué de Zagamys con mi tesoro y me senté con mi hermana en la mesa verde de Formica moteada en nuestra pequeña cocina. Era media mañana, y Mamá estaba de espaldas a nosotras, con el delantal ajustado alrededor de su cintura. Ella siempre vestía con falda o vestido y sus pies en zapatos de espadrilles, blancos en verano y negros en invierno. Ella estaba montando los frijoles para el almuerzo, y no le prestaba atención a nuestra conversación.

El olor acre de los frijoles negros llenó el ambiente cuando comenzaron a hervir con sus especias: ajo, cebolla, comino y ají. Los diferentes olores luchaban entre sí en el espacio,   mezclados con la brisa ligeramente húmeda que entraba por la puerta trasera. Era difícil respirar el aire aromático y espeso, pero seguí bebiendo mi jugo y tomando enormes bocados de la rosquilla, capturando las escamas de azúcar cristalizadas en el aire.

Comía, escuchando a medias mientras que Glori hablaba de autobuses escolares llenos de cubanos que iban a las casas de empaque en Homestead los sábados para lavar y calificar naranjas.

—Trabajo fácil. —dijo. Añadiendo, definitivamente más fácil que lavar platos o limpiar casas.

Glori estaba aludiendo a los muchos profesionales cubanos que aún iniciaban sus vidas.

Mientras hablaba, me imaginaba los médicos con sus batas de laboratorios blancas lavando platos, de camareros o limpiando casas en lugar de asistir a los enfermos. Recordaba esta información como parte integral de la vida cotidiana. A menudo se podía oír a alguien exclamando en un autobús:

—¿Escuchaste que el doctor tal y tal, el mejor de Santa Clara abrió una práctica en Flagler? ¡Ya no tiene que lavar platos en el Fountain Blue Hotel!

Estas conversaciones siempre terminaban en: —Si ellos pueden hacerlo, nosotros también. Todos podemos tener éxito en este país.

Volviendo a la realidad, Glori dijo:

—Vamos. Será divertido, nos pagan unos dólares y nos darán naranjas para traer a casa. Mi amiga Lucía me dijo que va todo el tiempo, y es muy divertido.

—Bien, iré.

¿Cómo? ¿Por qué acepte ir a la excursión? ¿Estoy mareada con la cantidad de azúcar que acabe de ingerir?

Emocionada ante la perspectiva de una aventura, Glori continuó explicándome cómo viajaríamos a la casa de empaque. Escuché algo sobre un autobús de la escuela que nos recogería cerca del Miami High. No tenía idea en lo que me estaba metiendo.

Le dije:

—Bueno, averigua los detalles. Me voy a lavar la ropa antes del almuerzo.

Besé a Mamá y me fui con su carrito de tienda, pesado con la ropa separada en fundas de almohada; monedas de veinte-cinco y de diez centavos sonando en mi bolsillo.

Tenía ansias de vivir como americana.

El sábado siguiente llegó muy pronto, y en la niebla del sueño, me di la vuelta y busqué la sábana delgada para cubrir mi cara, tratando de esconderme de la luz de la cocina que inundaba el apartamento.

Un gallo cantó cerca de la puerta principal mientras el olor del café recién colado invadía mi sueño. Me preguntaba cómo el pollo se había alejado del santero, un sacerdote de la religión cubana Santería, y el dueño de los apartamentos de motel convertidos a estudio donde vivíamos.

Con los ojos todavía cerrados, tantee debajo de la cama para encontrar mis zapatos tenis. Los encontré, me deslicé de la cama hacia el baño para prepararme. Mamá estaba ocupada en la cocina preparando los almuerzos. Hoy no habría visita a Zagamys.

 Las tres cruzamos a Flagler en la tenue luz de la mañana y nos unimos a otras mujeres que se dirigían al autobús. Muchas llevaban grandes rolos en la cabeza bajo pañuelos, y la fragancia de gel Dippity Do emanaba de sus cabellos mojados. Eran radiantes, caminando en parejas, charlando, sus carteras colgando del codo, y cantinas de almuerzo balanceándose en sus manos. Algunas llevaban vestidos, pero la mayoría vestían pantalones.

Llegamos al autobús escolar amarillo y me senté hacia el medio en una ventana. Mamá se sentó a mi lado y Glori a su derecha. Yo estaba allí en cuerpo, pero no en espíritu. Me sentía como una extraña entre estas personas, y sin embargo estoy segura de que otros que manejaban al lado de nuestro autobús ese día veían a una muchacha con piel de oliva, el pelo recogido debajo de un pañuelo, y una porción de una blusa sin mangas, sólo otra cubana.

Viajamos hacia el sur en la carretera polvorienta US 1 mientras las mujeres cantaban canciones y los hombres contaban historias de la patria, y el odiado Fidel Castro, el tirano de Cuba. La voz de Glori se elevaba y se mezclaba con los demás en la dulzura del momento. Mamá miraba tranquilamente por la ventana, y yo sentada allí observándolos, atrapada para siempre entre dos culturas.

Llegamos a la casa de empaque y caminamos entre la hierba alta y picante. El aroma de los cítricos invadió nuestros poros al entrar en el edificio húmedo con sus grandes ventanas abiertas que no proporcionaban ventilación.

El capataz, un hombre alto de cara roja vestido con jeans, y un sombrero grande, dio órdenes como ladridos. El líder del autobús tradujo los ladridos:

—Vayan al baño si es necesario. Dense prisa y encuentren sus lugares. No puede haber carteras abiertas debajo de la cinta transportadora.

Lucía se inclinó hacia Glori y susurró:

—Las naranjas rechazadas irán en la caja vacía debajo la cinta.

La sonrisa a medias de Glori indicaba que ahora entendía las ramificaciones de esta aventura, y la diversión que me había prometido no se cristalizaría.

Me sentí humillada, pero más aún, indignada.

Mamá estaba tranquila. Esta no era la primera vez que le habían gritado, mirado de medio lado, o incluso escupida. Estaba acostumbrada a ambientes similares a la factoría, donde cosía cientos de zippers al día, trabajando por el reloj, bajo el ojo de un supervisor.

Tomamos nuestros lugares, y las naranjas comenzaron a caer por las cintas transportadoras, empapadas en agua con cloro. Algunas manos con guantes amarillos y otras desnudas se movían como una brújula bajo el estruendo de la maquinaria, un movimiento de cuatro por cuatro. Al igual que los limpiaparabrisas de los carros, las manos cepillaban ligeramente la parte superior de la fruta, a veces se detenían rápidamente para arrancar una y tirarla en la caja debajo del cinturón. Nosotras no trajimos guantes.

El trabajo era elegir las frutas usando la ordenanza de calidad del Departamento de Agricultura de los Estados Unidos, por tacto y visión. ¿Qué sabía yo sobre la elección de fruta de calidad? Lo más cerca que yo había estado de tanta fruta fue en la casa de mi tía Celia en Venezuela cuando pelábamos guayabas para hacer casquitos de guayaba en almíbar. Cuando estaba de visita, me reclutaban para pelar las pequeñas frutas.

Después de unos minutos empujando las naranjas, el olor de cloro llenó mis narices, quemándome los ojos. Empecé a estornudar. Susurrándole, le dije a Mamá que teníamos que parar. El capataz se inclinó sobre mí, y me dijo que me callara y trabajara. A lo que le contesté:

—No. Esta agua tiene demasiado cloro, no es saludable.

Volviéndome hacia mi familia, hablé en español, suplicando que se alejaran de la línea, pero ellas siguieron trabajando. El capataz con su cara enrojecida, a centímetros de la mía, me miró con incredulidad. Seguí explicándole que, como estudiante de química en la universidad, reconocía que el proceso no era seguro.

Dijo:

—No te van a pagar, y el autobús no te va a llevar de

vuelta ahora. ¡No hay naranjas para ti!

Le respondí:

—Está bien. Me sentaré en los escalones.

Volviendo, le dije a mi madre:

—-Madre, no te preocupes, yo me siento en los escalones y espero.

Los tablones de madera hicieron eco a mis pasos.

Al llegar a la barandilla, me volví y observé a las mujeres y hombres encantadores, con las manos moviéndose en ritmo. Las naranjas caían bajo sus manos, saltaban y aterrizaban arrastradas por el ímpetu de los frutos que le seguían. Una ola de naranja. Yo nunca vería las naranjas de la misma forma, y el jugo de naranja nunca me sabría igual.

Poco a poco el calor de la mañana se intensificó, vaporizando el rocío dejado en la maleza. Me envolví en mis propios pensamientos de éxito futuro. Tenia todo el día. Saqué el pequeño bloc de notas de bolsillo de mi cartera y trabajé en mi plan de cinco años. El plan para romper del molde que había sido vertida por el ojo americano porque me veían y sonaba diferente. Una mujer que asumieron se casaría, tendría muchísimos hijos y se convertiría en una carga para la sociedad. Me negué a cumplir ese papel.

Revise la lista, mi plan de emancipación. La lista incluía convertirme en ciudadana estadounidense al final del año, trabajar en el laboratorio de química de la universidad hasta que me graduara al año siguiente con un AA en Química, y luego obtener una Licenciatura en Ciencias en Química en el 1977. El camino para emancipar a mi familia y a mí estaba firmemente escrito y pronosticado - por mi.

Me incliné hacia atrás en las escaleras, contemplando el ambiente rural cuando escuché el crescendo de mis compatriotas a medida que las cintas transportadoras se detenían.

Mamá, Glori y las cohortes de autobuses me visitaron durante la pausa de la mañana, el almuerzo y las pausa de la tarde. En el almuerzo, los sándwiches de jamón y queso de Mamá en Wonder Bread seguidos por un poco de café aún caliente del termo nunca me supo mas sabroso.

El autobús regresó tarde, casi al fin del mediodía, y todos se amontonaron, cada uno llevando una bolsa de naranjas descalificadas.

Observé los cuerpos sudorosos agachados en sus asientos en el largo viaje a casa, drenados por el calor y sin voces para cantar.

Me imaginé estar libre de estereotípicos y no podía esperar llegar a casa, mi lugar seguro.

EL AMOR Y EL MONEDERO DE CUENTAS

1975-1985

Nunca temas
De dos almas, la luz arde.
Por caminos, recuerdo ahora,
me entrecruzo a cada vuelta.
Recordando tiernas noches de verano,
arriba de congestionados faroles
en nuestro trono de sueños y futuras vistas.
Solamente siendo feliz.
No estoy triste por el tiempo
que no estamos cerca.
Cumpliremos con la prueba y
nos haremos más fuertes.
Nunca temas, querida.
    Jon Mueller

El pequeño y delgado monedero de Mamá, desafiaba las leyes de la física. Si la semana era próspera, se sentía ligera en las manos los viernes, confiada con un fajo de billetes, la culminación de su salario en el taller de costura cerca del aeropuerto de Miami. Pronto, el monedero estaba lleno de cambio, y volvíamos a comprar comida a crédito en la bodega y contábamos monedas para asegurarnos que yo tendría suficiente dinero para comprar gasolina para ir a la universidad.

En el 1975 todavía vivía en casa. No porque no tuviera deseo de emanciparme, sino por un sentido de responsabilidad con la familia, y de mejorar nuestro nivel de vida. A estas alturas, el lupus de Glori había complicado su salud, y ella estaba en diálisis.

Yo tenía veintiún años, y estaba matriculada en la

universidad, trabajaba en el laboratorio de química y en camino a alcanzar mis sueños. Mis ganancias, se agregaban al monedero de Mamá cada semana. Ella sostenía las cuerdas del bolso, y eso era necesario. Una para todas y todas para una, en nuestra familia nos llamaban las tres mosqueteras.

Los dos primeros años de universidad pasaron rápidamente, en medio de grupos de estudio, exámenes y trabajo. A finales del 1975, terminé mi título de asociado, y el monedero de cuentas siempre se podía encontrar, entre lápices en el cajón beige de la cocina.

Estaba de vacaciones, y no tenía excusa, por fin cedi a la insistencia de mi mejor amiga de tener una cita ciega con un muchacho llamado Jon Mueller, y posiblemente ir a una fiesta de Fin de Año. Yo puse una condición: saldría con él si almorzábamos en un restaurante cercano a mi casa, por si acaso la cita no funcionaba, siempre podría regresar a mi casa caminando.

Acordamos la fecha, y el 31 de diciembre llego con una sensación de temor, un día estacionalmente cálido. Él estaba a tiempo. Los pasos reverberaron a través del pasillo vacío, seguido de un golpe en la puerta del apartamento. A través de los listones de madera, vi a un hombre alto y guapo con un *leisure suit* - un traje de polyester de moda en ese tiempo - y botas blancas.

Dijo:

—¿Es este el lugar donde vive una hermosa muchacha cubana?

Mi corazón se derritió. Abrí la puerta sin palabras, y él aprovechó la oportunidad para decir:

—Tengo mi carro afuera. ¿Lista para irnos?

Asentí con la cabeza y le dije a mamá:

—Hasta luego Madre.

Un nudo se me formó en el estómago; consciente de que sus ojos estaban posados sobre mí mientras caminábamos hacia su Camaro azul.

Abrió la puerta y me deslice.

¡Un caballero! Supongo que podría olvidarme de las botas blancas por un tiempo.

Durante el almuerzo, hablamos de lo que hacíamos para ganarnos la vida. Él era un corredor hipotecario con Beneficial Finance, Inc., por mi parte, le dije que estudiaba en la universidad. Hablamos de sus dos giras en Vietnam y la reserva de las Fuerzas Especiales del Ejército. No sabía como sentirme sobre su militarismo y su vocación, pero me atrajo su confianza y madurez.

Era fácil de contemplarlo: ojos azules de acero, cabello negro y manos firmes.

Estaba impresionado con mi conocimiento de los forenses y C4, un compuesto explosivo. Me imaginé casada con el hombre frente a mí, compartiendo un hogar, muchos libros en un buró, y me sentí bien.

Al dejarme en casa, me robó un beso y me pidió una cita de para la fiesta de Fin de Año.

Mareada por la emoción, entré al apartamento, y le dije a Mamá y a Glori:

—¡Me invitó a salir esta noche, y no tengo nada que ponerme! ¿Qué voy a hacer?

Como siempre, el monedero salió al rescate. Glori y yo fuimos a Miracle Mile en Coral Gables y compramos un par de zapatos negros. Glori llamó al vendedor cubano de ropa y un vestido color vino, comprado a crédito, apareció perfectamente doblado en mi cama. Yo era Cenicienta y no tenía que preocuparme por el golpe de medianoche de un reloj.

Mamá me pidió que la llamara de la fiesta para hacerle saber cómo iban las cosas y si estaba a salvo.

—Después de todo, no sabemos nada de este hombre. Me dijo.

Aunque la llamé y le dije que estaría en casa a las tres de la madrugada, Jon y yo dejamos la fiesta después de medianoche, aparcamos en la playa, y las horas se escurrieron. Nos tomamos de la mano, nos besamos y hablamos, conociéndonos. La intensa atracción era una amenaza para mi virginidad.

Regresé a casa en las primeras horas de la madrugada a una madre delirantemente brava, pensando que había conocido mi muerte a manos del americano. Me disculpé en silencio y me fui a la cama bajo un aluvión de palabras fuertes.

—¿En qué estabas pensando? No deberías ponerte en situaciones tan vulnerables. Una muchacha decente. ¿Qué pasa si...

Una y otra vez, continuó. Ella no durmió esa noche.

Yo tampoco, pensando en él.

Desde ese dia, Jon y yo salimos y hablamos por teléfono todos los días.

El ascendió a gerente de oficina el mismo día que nos conocimos, y yo continué mis estudios en la Universidad Internacional de Florida. Comprendí que él no creía en el matrimonio ni tenía deseos de tener hijos.

Yo no insistí, pero una noche, en su pleno abrazo, me profesó su amor.

Ese verano como parte de mis estudios, me fui a trabajar en una cooperativa temporal en Dow Chemical en Midland, Michigan. Fue solitario estar lejos el uno del otro, y nuestro amor creció a través de nuestra correspondencia y a veces hablando por teléfono. Vino a visitarme en julio, y celebramos juntos el cumpleaños del bicentenario de nuestro país.

De vuelta a Miami, Jon le dijo a Glori que iba a proponerme matrimonio en septiembre, en mi cumpleaños. Elaboraron una historia sobre la compra de un abrigo de invierno como regalo, y cuando vino a casa a recogerme a cenar, dijo:

—Sue, siento mucho que tu regalo no llego.

Volviéndose a mi hermana, enriqueció la historia:

—Gracias por ayudarme con la talla del abrigo. Es tan decepcionante que no llegó a tiempo.

Continuaban bromeando uno con el otro, y pensé que el intercambio era extraño, pero quizás él se había acercado a mi familia mientras yo estaba fuera de la ciudad.

Condujimos para ver la puesta de sol en Los Pinitos, la playa de la bahía en Rickenbacker Causeway en Biscayne Bay.

Se bajó del coche, se acercó a mi lado como si fuera a abrir la puerta, y dijo:

—¿Puedes abrir la guantera y darme mis espejuelos?

—Claro.

Al abrir, vi un anillo de oro blanco cepillado con un diamante, en una caja de terciopelo negro.

Corrí a sus brazos, y me dijo:

—-¿Bien?

—¡Sí!

Me casé con mi 'cita a ciegas' en noviembre, once meses después de conocernos, y Glori y Mamá me aseguraron que ellas estarían bien.

Como pareja intercultural, nos encontramos con conceptos erróneos. Había muchas oportunidades de malinterpretar a los suegros a medida que pilotamos a través de las situaciones, y las pequeñas cosas de la vida cotidiana inherentes en la cultura de ambos.

Me encontré con matices de intolerancia de extraños durante nuestros primeros años de matrimonio. Una vez me preguntó una gerente donde yo trabajaba, porqué Jon se casó conmigo cuando había tantas muchachas americanas bonitas.

Yo era joven e ingenua, y no sabía cómo responder a la cruel pregunta. Llevé mi herida a casa, donde Jon me dijo cómo responder la próxima vez que surgiera una pregunta similar.

Me dijo:

—Le dices que te amo porque eres hermosa, dulce e inteligente. No hay nadie más que yo quiera, y soy un hombre afortunado.

Unos años más tarde, antes de viajar a California para conocer a su abuela, la mamá de Jon recibió una carta de su mejor amiga entrenándola cómo dar la noticia a la abuela - yo era cubana. ¿El amor guardado de un amigo o la ignorancia rencorosa?

Empezamos una familia en 1980 y nos mudamos de Homestead a Brandon en 1984 cuando Jon fue ascendido a vicepresidente con Beneficial Finance. Jon tenía la tarea de desarrollar Harbour Island, ahora una próspera isla residencial en el centro de Tampa. Posteriormente, formó su propio negocio, una compañía de banca hipotecaria, y yo me uní a Tampa Electric Company como químico, donde trabajé y disfruté de una carrera increíblemente gratificante durante más de treinta años.

Crecimos como profesionales y mejoramos nuestro nivel de vida. Criamos una hermosa familia, enriquecida con la adición de cuatro nietos.

Nunca olvidé la lección de administrar el dinero usando el monedero de cuentas. No fue una lección sobre como pagar el alquiler, o servicios públicos, fue un ejercicio en sobrevivir como una familia amorosa para superar las dificultades y alcanzar el éxito. Nuestro traslado al área de Tampa Bay se convirtió en una excelente transición de la intolerancia del sur de Florida, a una Tampa sin prejuicios, ya que, en Tampa pasaba como una cubana de segunda o tercera generación, o italiana.

EL SILLÓN

El sillón
No recuerdo el calor del verano
ni la frialdad traída por la lluvia.
Pero todavía puedo sentir la fuerza
de tu marco de roble meciéndome,
la curva y los detalles inclinados de tus brazos,
e incluso la pequeña parte donde tus
articulaciones se adjuntaban.
Iré por ti. Pronto.
  Susana Jiménez-Mueller

Mi sillón de niña se convirtió parte de mi infraestructura personal en el 1959 y me hundí en la desesperación cuando Papá le quitó los balances y los arrojó al otro lado del carro, un silloncito mutilado.

Convirtiéndose en silla, ya no me mecería.

El resto de ella estaba asegurada en el maletero del carro de mi tío con una cuerda que rodeaba el asiento de roble ancho barnizado y debajo de los brazos finamente detallados. Una cuerda en una serie de lazos alrededor del parachoques trasero, amenazaba destruir las esquinas redondeadas y expuestas del bastón incrustado de su espalda y asiento.

Nos fuimos a San Felipe pero una parte de mí quedo en la tierra con los balances, necesitando ser resucitada en un futuro y lugar.

La sabiduría que llega con la edad y la soledad de la

pérdida física, me alcanzaron. Quería, necesitaba raíces fuertes, como las de hierbas malas - las malezas - que no se pueden arrancar. Quería traerla a casa a los Estados Unidos para sanarnos mutuamente.

Un sentido de urgencia me llevó a viajar a Venezuela en el 1988, y en la casa de mi tía Celia encontré la silla metida contra una pared, entre más cajas, periódicos viejos y revistas. ¿Me preguntaba si se sentía abandonada como yo? Poco a poco, caminé a través de las pilas, acercándome a ella, asegurándome de que tenía una manera de escapar si algún insecto u otra plaga cruzaba mi camino. Con un trapo de tela en mano, le quité el polvo y la trasladé a la sala de estar.

Ella estaba frágil.

Ansiosamente, aflojé las articulaciones con un martillo, luchando por su vida, sabiendo subconscientemente que tenía que estar preparada para dejarla morir si sus partes de madera se rompían. Una a una, las piezas se separaron, los brazos, la espalda, las patas y el asiento. Apilé los pedazos, la envolví en papel marrón y até el paquete con cuerda.

Llegamos a casa a salvo, y aprendí a reemplazar el bastón de ratán y a renovar la madera.

¡Todo esto antes de la llegada del Internet! Tal vez algún día le pediré a alguien que le haga nuevos balances. En la actualidad, estoy contenta de sentarme en mi silla de sesenta y cinco años, mi vínculo con el hogar en Cuba y un momento en que mi familia estaba intacta.

HUÉRFANA DE NUEVO

1988-2002

El reflejo en el espejo
Detrás de mi puerta,
te veo en un sueño despierto.
Derramo alegría, pero tengo paz.

La suavidad de tu abrazo y el olor de
Coty en la piel.
Colorete rosado y lápiz labial.
Tu risa.
Te encantaba reír.

Algunas veces, cuando la luz es pálida
en la mañana, y la claridad del baño
se atenúa, veo tu reflejo en el mío. Tu
peine negro suave y desgastado ahora
en mis manos, se desliza a través del
cabello escaso, un camino bien transi-
tado antes.

La mano se extiende, las yemas de
los dedos apenas tocan el espejo frío.
Su dureza se ablanda, y te alcanzo
a través del vacío que nos separa y
sé que soy tu extracto.

Inspeccionando la cara, el cuello y el
cabello, escucho el eco de tus pala-
bras en un susurro:
—¿Cuándo sucedió esto?

El reflejo se disuelve.
Una vez más, soy yo.
Una sonrisa débil cruza mi cara.
Encojo los hombros y me lavo los
dientes.
Susana Jiménez-Mueller

Nunca tuve tiempo de llorar a mi padre a los diez años, a mi hermana Glori a los veintitrés años o a mi mamá a los cuarenta y ocho. Los problemas de la vida se amontonaron. Mi espíritu estaba en un estado vacilante, siempre recordando, con sed de estabilidad y de tener un descanso, sin más pérdidas.

Estaba cansada de estar entre dos culturas.

Desde que me mudé a Brandon y me establecí en profesiones gratificantes y una vida familiar, mi espíritu comenzó a sanar. Ya no tuve que depender de la resiliencia, es decir, de mi fortaleza interior para poder atravesar la próxima hora o el día siguiente.

Mamá se había mudado a Brandon desde Miami para estar cerca de nosotros y ayudarnos con los niños.

Estábamos felices.

A finales del 1980, comencé a notar cambios casi imperceptibles en la personalidad de Mamá. Empezó a gustarle la sopa de tomate y los pasteles de salmón, le gustaba tocar discos de música de vinilo, tenía muy poca paciencia con la gente, y sus filtros sociales se hicieron transparentes.

Ella decía lo que le llegaba a su mente, y no siempre era muy agradable. Esto, por supuesto, no ocurría si ella estaba alrededor de sus dos nietos, Rebeca y Zachary. Ella pronunciaba su nombre con una S suave, Sakary. Eran sus príncipes, sus niñitos.

Mamá comenzó a pintarse las uñas de rojo, y llevaba un par de anillos baratos en los dedos. Ella decía, mientras contemplaba sus manos, una mano apoyada suavemente en la palma de la otra delante de ella:

—Llevo estos anillos para que los ojos de la gente se sientan atraídos hacia ellos y no vean mis dedos arrugados.

Tal vez esto no era tanto el resultado de la enfermedad, sino un mecanismo de defensa. Ella era anciana y no le gustaba... pero, ¿a quién le gusta? Los cambios se hicieron más pronunciados cuando ella tenía noventa y uno, y luego a los noventa y dos, se le diagnosticó el Alzheimer, y se produjo un declive mental y físico precipitado.

Un día, durante el almuerzo en su apartamento, le mostré una foto tomada en Venezuela cuando yo tenía nueve años, y Glori tenía veintiún. Reconoció a sus hijas, pero argumentó que yo no era su 'Susanita'. Mi corazón se rompió en un millón de pedazos, y me sentí abandonada y desolada.

Era huérfana de nuevo.

¿Cómo puede Mamá no reconocerme? No podía sacudir la sensación de vacío, pérdida y tristeza.

Una vez más, entré en modo de resiliencia.

Cuidarla me tomaba más y más tiempo. La visitaba para almorzar todos los días, y aunque ya no me recordaba, siempre reconocía a sus nietos. Yo era la amable dama que la ayudaba todos los días. Me adapté a la nueva situación y me consolé al saber que todavía podía disfrutar de su compañía, aprendiendo a amarla de nuevas formas.

Nos reíamos mucho.

Murió un mes después de llegar a sus noventa y tres inviernos, y comencé a pensar en todos esos puntos de pivote y ramificación anteriores de Alzheimer en el árbol de su vida. Recordé, cómo daba apodos a ciertas cosas que no reconocía por su nombre común. Por ejemplo, los rábanos, las verduras rojas pequeñas, redondas, vibrantes y picantes con un corazón blanco. Mamá los llamaba besitos porque les recordaba a los besos.

¡Mientras que comprábamos los comestibles, yo también empecé a referirme a ellos de la misma manera, y en poco tiempo, me olvidé de su nombre real, también!

Creo que fue en abril de 2002, tres meses después de que ella falleciera, cuando Jon y yo nos sentamos en el porche trasero de nuestra casa de Brandon mientras escuchaba mis recuerdos. En silencio, vimos a las ardillas perseguirse unas a otras mientras saltaban de una rama a otra. Las ardillas se detenían lo suficientemente como para sacudir la cola y mover sus cabezas hacia arriba y abajo como si se saludaran, antes de que comenzaran a perseguirse de nuevo. ¿Persiguiéndose unos a otros? ¿Persiguiendo el viento? ¿Marcando su territorio? No lo sabía y no me importaba. Era muy relajante ver sus travesuras, y por un momento, mi mente saltó a pensamientos de rábanos y señalando a las ardillas en los robles verdes altos, recién florecidos, dije:

—¡Jon, mira esos rábanos!

Desde entonces, bromeando, nos referimos a las ardillas como rábanos y nos hace gracia estudiar sus hábitos alimenticios. En enero, todos los robles derraman sus hojas, y los rábanos corren alrededor de nuestro patio buscando nueces. Se sientan en su piedra favorita para abrirlas y comer la carne suave de color melón, sus colas siempre temblando.

Mientras trabajo en mi jardín, recuerdo a mi madre cuando veo los restos de estas comidas. No porque a ella le gustaban especialmente las ardillas, sino porque nuestras asociaciones de palabras crearon un recuerdo que vive en mí y me trae alegría.

Tal vez buscar gozo en la vida requiere enfoque y tiempo para reflexionar sobre lo microscópico para encontrar conexiones con nuestro ambiente y los que nos rodean. Ahora, tomo fotos de ardillas durante mis vacaciones porque me hace feliz. Tengo fotos de ardillas en Yosemite, California, y en Glacier Park, Montana. Con sus abrigos gruesos, esos rábanos, no se parecen a sus primos de la Florida, pero sus colas se estremecen de todos modos. Relatamos esta historia a nuestros hijos y nietos para recordarles que es sólo un juego, y en el futuro, si nos oyen llamar a las ardillas rábanos, no crean que hemos pasado al extremo profundo y estamos locos.

NO TE PREOCUPES MAMÁ

2001-2019

Mi muchacho

Detrás de mi puerta, el corazón pesado
aprende a enterrar las palabras que no
podemos enfrentar.

No puedo proteger a mi hijo. Sangre de
mi sangre, vida de mi vida, oro a Dios,
no más guerra.
El aire se extrae de mis pulmones.

Tic tac, tic tac.
El tiempo pasa.
El sol sale, día tras día.
Los niños tienen secretos.
Los hombres hacen pactos.
Los niños juegan con juguetes.
Los hombres se enfrentan a los hechos.

Guerra vieja, guerra nueva, todo es
lo mismo.
Soldado experimentado, o
nuevo soldado, protégete y mantente
sano.

Las lágrimas se hinchan y el cora-
zón late. Sigo caminando, y respiro.
Podía oír su voz susurrándome al
oído,
-No te preocupes Mamá.
      Susana Jiménez-Mueller

Mi alma estaba herida.

Los años siguientes, serían algunos de los años más difíciles de nuestras vidas. La muerte de mi madre, fue seguida por ceremonias, graduaciones y bodas para nuestros hijos, Rebeca y Zachary, y luego Zachary se unió al ejército.

Nuestro nido se había vaciado.

En el verano de 2003, Zachary y su esposa, ambos soldados del ejército americano (Army) estaban en Irak como parte de la Operación Libertad Iraquí. Antes de que se fuera, le di un diario para anotar sus días y ayudarlo a encontrar refugio del infierno de la guerra. En el diario, le compartí mis recuerdos de infancia.

Yo no tenia escapatoria.

Para Navidad, queríamos enviarle un sabor de hogar, y Rebeca y yo le hicimos fudge, como el dulce de la abuela Maxine, excepto que se convirtió en caramelo, pero le encanto de todos modos. Durante su despliegue, trabajé y me mantuve ocupada organizando la fiesta de cumpleaños de los ochenta años de mi suegra y una reunión familiar para mi lado materno de la familia, Los Rodríguez - Cárdenas y Pérez - Sarduy.

Jon y yo vivimos como sombras, hasta la primavera de 2004 cuando regresaron a casa después de nueve meses de despliegue. En el aeropuerto, Zack y yo nos aferramos en un abrazo tembloroso, un recuerdo de cuando lo sostuve en mi pecho, minutos de haber nacido.

Con su regreso, la felicidad inundó nuestros días, y nos preparamos para la celebración de cumpleaños de Maxine. Celebramos la fiesta en su patio, que se sentía como un horno de ciento dieciocho grados rodeado de cactus, amistades y música hawaiana. En la parte trasera, un cerdo asado, flaco con una manzana verde debajo de la barbilla, yacía sobre la mesa como pieza central bajo el enorme árbol de toronja.

Esto fue junio en Phoenix, Arizona.

Rebeca bailó el hula para su abuela mientras que el marido de Rebeca, y Zachary bailaban detrás de ella, fumando puros, ajustadores de coco sobre camisetas blancas atadas a sus vientres, y faldas de hierba, como las películas sobre la Segunda Guerra Mundial donde los soldados se entretenían armando dramas musicales.

Las antorchas Tiki amenazaban quemar el pelo de los muchachos. ¡Qué magnífico ver a los tres bailando! Por un breve momento, Jon y yo nos tomamos de la mano, nos apoyamos el uno en el otro, y nuestros espíritus se elevaron como águilas trepando cada vez más alto.

Hubieron tres despliegues adicionales a Irak para Zack, un total de cuarenta y ocho meses. Enviamos paquetes con galletas, guantes para sostener la pistola caliente, y una pequeña almohada para acunar su cabeza cansada.

Nunca supe de las conversaciones que padre e hijo tuvieron antes de cada despliegue. Diez años más tarde, me topé con información sobre el intercambio sigiloso, cara a cara, ellos compartiendo agonía y conversaciones sobre la muerte.

Jon, también veterano de guerra, le había dicho a su hijo:

—No dejes que te capturen vivo. Cae peleando. Esa es la única manera.

La conversación era necesaria, como Jon me explicó más tarde, ya que, la forma de los talibanes es grabar en video la decapitación de los soldados para infundir el miedo.

Después de cada despliegue, Zachary compartió los diarios conmigo, excepto la última, donde tomó nota de una explosión y cómo había corrido cegado por la conmoción cerebral hasta que alguien lo detuvo. La explosión, aminorada por un letrero de metal, casi le quitó la vida. De vuelta a casa, compartió el incidente con su hermana y dijo que no nos lo dijera porque nos preocuparíamos. Pero, ¿cómo no iba a hacerlo? Nuestra familia no tenía secretos, y ahora sufría de una conmoción cerebral. Aliviado de que estaba en casa, yo solamente lloraba.

Mi viaje espiritual ha estado marcado por un profundo sentido de estar conectada a mi creador. Pero a veces, durante esos años, ni siquiera podía orar para decir: Dios, tú sabes lo que necesitamos.

En cambio, encontré consuelo rezando un rosario, un recuerdo lejano de mi infancia, viviendo con mis padrinos en Venezuela.

Me acostumbré a hablar con Dios durante el día, levantando oraciones por nuestros hijos, sus familias y nosotros. Por la noche, me rendía al rosario y dormía mientras nueve horas en el futuro, mi hijo estaba peleando.

Durante el día, me lo imaginaba salvo en un profundo sueño en una cama litera.

Llevábamos tristeza y preocupación, ira y orgullo. Parecía una combinación inusual de sentimientos. Temíamos que nuestro hijo regresara con heridas emocionales y físicas.

Zachary había elegido una carrera militar.

Cada vez que me paro en atención recitando the Pledge of Allegiance - El Compromiso de Lealtad a la bandera americana - en un evento, mis ojos se llenan de lágrimas de gratitud por el país que me adoptó. Y lleno de amor por mis padres, que tomaron las decisiones difíciles y los sacrificios para traernos a los Estados Unidos. Sin duda, me pregunto si alguna vez contemplaron tener un nieto luchando por esta tierra, ahora mi tierra, nuestra sangre cubana y lista.

Como familia, ¿seremos llamados a pagar el precio final por la libertad?

Nuestros hijos y sus familias están bien, y Jon y yo tratamos de no contener la respiración en la espera de lo que pueda venir después. Estamos preparados para el rebote, como una familia militar fuerte. De alguna manera perseveramos, y seguimos doblándonos en el viento, buscando la paz.

VIENTO Y AGUA

2012

Viento y agua
Giro para respirar
y veo cuatro ibis volando
en perfecta formación.

¿Cómo aprendieron a sentir el aire
a su alrededor y a montar el viento?

Giro y mis manos entran en el agua.

Exhalando lentamente, las palmas se abren,
cavando profundamente en el agua.

Voy despacio, nado más rápido.
Como el Ibis, vuelo libre.
Susana Jiménez-Mueller

Crecí protegida de las actividades normales de algunos niños. Claro, jugaba a los jacks - yakis, a las cartas, dibujaba, coloreaba y jugaba con muñecas. Incluso cosía. Pero no patiné, ni monté en bicicleta, ni participé en deportes, fuera del currículo de la escuela.

Específicamente, no nadé.

Muchas veces, la gente me preguntaba:

—¿Por qué no sabes nadar? ¿No naciste en una isla?

Siempre respondía:

—Vivíamos lejos de la playa.

Lo que realmente quería decir era:

—Después de que mi padre murió en New Jersey, y sin seguro médico, mi madre tenía miedo de que me fracturara un hueso o peor aún, que tuviera un terrible accidente y muriera. No me permitió correr ningún riesgo físico en tierra o agua.

Mamá me habló repetidamente sobre su responsabilidad de mantenerme saludable y a salvo para poder crecer y vivir mis sueños, por los cuales ella y Papá habían sacrificado tanto para hacer realidad.

Y entonces, perdí la niñez.

Algunas veces intenté actividades, aunque tenía miedo de que algo me pasara. ¿Cómo podría enfrentar a mi madre si me lastimaba? Necesitaba ser responsable. La falta de habilidades básicas me afectó en años posteriores, ya que cuando era una joven, no podía participar en las actividades más divertidas con mis amigos.

Después que Jon y yo nos casamos, yo misma me enseñé a patinar y a andar en bicicleta. Nadar, sin embargo, siguió siendo un problema en curso.

Jon y yo vivíamos en un condominio en el segundo piso en Hialeah, Florida, cerca de Miami. Temprano, un sábado por la mañana, mi estómago me dio un vuelco al entrar en el corredor abierto en camino a la lavandería. La luz del sol que se reflejaba en la superficie de la piscina, la apertura del pasillo, y la distancia del segundo piso a la piscina me abrumó. Me apreté contra la pared, cerré los ojos y me escurrí hasta sentir el borde de la puerta de la lavandería, y entré en su seguridad.

En la lavandería, mis pies se aferraron al suelo como las anclas de un barco, mientras me balanceaba en oleadas de náuseas. La sangre se apresuró por mis venas, y mi garganta se apretó. No podía respirar. Me incliné en la lavadora más cercana hasta que mi corazón dejó de latir fuertemente.

Cargué la lavadora y planeé cómo volver al condominio. De frente a la pared, me escurrí, regresando al corredor. En ese momento reconocí que le tenía miedo al agua, a las piscinas y a las alturas. Jon no supo de ese incidente hasta años más tarde.

A veces, íbamos a la playa los fines de semana, y él nadaba o esquiaba en un jet. Mientras tanto, yo caminaba recogiendo conchas marinas. Cada vez, tenía una excusa para no entrar en el agua y llevaba una carga, sintiéndome inferior a los demás, en la playa y junto a la piscina.

Unos años después, planeamos un viaje a Sanibel Island, Florida, y Jon hizo reservas en un pintoresco complejo. Decidí sorprenderlo aprendiendo a nadar en una semana, un gol escandaloso para mí.

Mis clases de natación eran de noche en una piscina administrada por la YMCA. Durante la primera clase, el instructor me dijo que cerrara los ojos, sostuviera la respiración y flotara de frente en aguas que me daban a la cintura.

Floté encantada.

Durante la tercera sesión, floté y decidí abrir los ojos, y lo perdí. ¡Lo PERDÍ! El fondo de la piscina estaba ABAJO, y yo estaba ARRIBA. No regresé a la clase. Jon y yo fuimos a Sanibel, y recogí más conchas marinas.

Mientras tanto, nuestra pequeña familia crecía, y nos mudamos a al centro de la Florida y ya teníamos un hijo listo para clases de natación. Armada de coraje, llevé a nuestra hija Rebeca a tomar clases de natación. Yo sentía sudores fríos, siendo testigo de su lucha infantil en el agua.

Ella me dijo con labios temblorosos:

—El agua está fría, Mami.

148

Mi corazón se hundía, pero me mantuve firme por ella y por mí.

Rebeca aprendió a nadar en poco tiempo y para entonces Zack podía usar un chaleco salvavidas para niños pequeños. Pasaba el tiempo de pie en la piscina con ellos, temiendo que un niño chocara conmigo, y yo 'cayera' hasta el fondo de la piscina.

Decidí probar clases de natación de nuevo y me inscribí en otra clase de natación para adultos. Descubrí gafas de natación, y ahora podía ver el fondo de la piscina. La mayoría de las veces me quedaba paralizada frente a una pared imaginaria pero muy real, entre el agua y yo. Los pies plantados firmemente en el fondo de la piscina, las piernas temblando, no podía soltarme y flotar. Me quedé avergonzada y frustrada.

Ocasionalmente en clase, me empujaba a maniobrar con un *kickboard* de natación. Usé un *kickboard*, siempre temiendo perder el control y caer. Cada experiencia horrible aumentó mi miedo. Después de unos veranos de clases y frustraciones repetidas, un fin de semana Jon y yo fuimos a la piscina con los niños. Atrevida, lo llamé:

—¡Jon, mírame!

Logré nadar unos cinco pies hasta la pared, en cuatro pies de agua, y me asusté cuando un par de niños nadaron debajo y alrededor de mí. No regresé a la piscina.

Cuando nuestros hijos eran mayores, llevamos a la familia a Negril, Jamaica, para el fin de semana del 4 de julio. El agua tibia, con unos colores azules y brillantes, me relajaba. La arena cremosa y los pintorescos barcos entrelazados con los aromas de la comida caribeña y el aire salado me sostenían en trance.

Todos los días, temprano en la mañana, caminábamos por el sendero a la playa, volviendo tarde en la noche. Durante esas vacaciones, aprendí a usar un snorkel en un pie de agua, avanzando a snorkeling en cuatro pies. ¡Jugué en el agua con los niños todo el día!

Al final, estábamos esperando el autobús que nos llevara al aeropuerto, y entre a la playa completamente vestida. Estoy segura de que le pareció peculiar a la gente que administraba el hotel. Rebeca se unió a mí sin preocupación.

Yo quería que el momento durara.

De vuelta a casa y con renovada esperanza, anticipé encontrar una solución a mi problema. Esta vez opté por la hipnoterapia. Durante una de las sesiones, regresé a la edad de seis meses. En la regresión, recordé a Papá, Mamá y a mi. Estábamos visitando una casa con un pozo de agua amplio, profundo y cuadrado.

En los brazos de Mamá, le oí decir:

—Cariño, por favor ten cuidado y sujeta al bebé fuerte, para que no se caiga.

Esta memoria, liberada en terapia, se centró en otro conjunto de detalles a mi ya extensa lista de peligros de agua y alturas. ¿Me imaginé este evento o realmente sucedió? No podía estar segura, independientemente, de que mi cerebro creyera en la memoria.

El hipnoterapeuta me enseñó un ejercicio de relajación progresiva con instrucciones para ejecutarlo todas las noches. Consistía en imaginarme vestida en un traje de buceo completo, a la Jacques Cousteau, entrando en el océano desde una playa - entrar lentamente a las olas y caminar cada vez más profundo, mirando a mi alrededor y observando los peces. Intenté hacer el ejercicio y me saqué de la visualización sintiendo la garganta cerrándose. Detuve los ejercicios de relajación progresiva, pero continúe las sesiones de hipnoterapia, todavía esperanzada.

En los meses de invierno, además de las sesiones de hipnoterapia, me auto prescribí visitas a un gimnasio local con una pequeña piscina de terapia caliente y poco profunda. La piscina cubierta, bañada por una luz amarilla creaba un ambiente de tranquilidad. Todos los días después del trabajo, flotaba sola en la piscina. Todos los días eran iguales. Empujaba con mis pies desde la pared de la piscina y flotaba en el agua muy clorada hasta llegar al otro lado, a casi tres pies de distancia.

El verano llegó de nuevo, y me inscribí en lo que confiaba era mi última clase de natación. En vano, el resultado fue igual. Todavía no me había dado cuenta del hilo que conectaba la alentadora experiencia de Jamaica y la piscina de terapia: ¡Agua tibia! La hipnoterapia sólo me había ayudado a entender las raíces del miedo, no a curarlo.

Renunciada, me declaré acuafóbica y terminé con las clases.

Veintisiete años después del ataque de ansiedad en el condominio, y de muchos intentos de aprender a nadar, el método para sanar mi miedo al agua y comenzar a sanar el miedo a las alturas literalmente cayó en mi regazo.

A finales de la primavera del 2004, Rebeca trajo a casa un artículo del St. Pete Times sobre adultos que aprendieron a nadar sin miedo. Melon Dash, la desarrolladora del sistema Miracle Swimming for Adults Afraid in Water (MSA) acababa de concluir de enseñar una clase en Safety Harbor al otro lado de la bahía de mí.

Guardé el artículo y le dije a mi hija que me había resignado a ser acuofóbica y que había terminado el tratar de aprender a nadar. Pero no bote el recorte de periódico, y antes de cumplir cincuenta años, encontré el artículo debajo de papeles, se lo comenté a Jon y me inscribí en la clase de MSA en Orlando.

Demostrando que para mí, rendirme no había sido una alternativa.

Después de completar la primera clase de una semana de MSA, visité la piscina casi todos los días para desensibilizarme y acabar con el miedo al agua. Aunque cada visita no era perfecta, nunca perseguí las habilidades porque entendía que el hacerlo sólo me pondría nerviosa.

Mi objetivo era estar tranquila para nadar.

Documente más de cien visitas a la piscina y tomé clases adicionales, primero convirtiéndome libre en cinco pies de agua, luego nueve, hasta que la profundidad del agua no era una preocupación.

La transformación tomó un par de años, un día tras el otro.

Mi viaje de natación incluyó convertirme en instructora de ejercicios acuáticos aeróbicos, e instructora de natación de MSA, ayudando a otros a superar y a sanar su miedo al agua. Me senté al fondo de la piscina sonriendo de alegría y paz interna, al reconocer que podía ayudar a los demás enseñando y guiando.

¡Enseñé mi primera clase de natación en Safety Harbor, el mismo lugar descrito en el recorte de periódico! Guardé un diario para documentar mi transformación y compartir algún día el mensaje con el mundo porque sabía que nadie tenía que vivir con miedo al agua.

Usando el diario, escribí y publiqué *Ahora yo nado*, en español e inglés, y a partir de este año, he estado nadando durante dieciocho veranos.

BOTAS CON PUNTERAS DE ACERO

1985-2018

Un saludo

A las mujeres y a los hombres que han compartido las mañanas y las madrugadas apoyando la restauración de la electricidad.

Y a las mujeres y los hombres que me han hecho pensar muy fuerte y tratar más duro que nunca para traer un sentido de bienestar.

Les hago la reverencia.

Tres, cuatro y seis días, hemos compartido la risa hasta que lloramos con las historias de personas cercanas y lejanas.

El 2004 no lo era!
Pero, ¿por qué iba a serlo?
El huracán Irma ciertamente no era un Charlie, Frances o Jeanne.

Bajo el manto de la planificación, llegamos a ser una nueva unidad de logística temporal. Almohadas, camas y toallas, tanques de propano, manejo de personas y otras cosas.

Ver cómo manejaron el movimiento de camiones y suministros, por más fácil que pareciera, me envió un escalofrío de orgullo.

Diecisiete años de planificación, días de diecisiete horas. La gente, la lavandería, las comidas, el alojamiento, la lluvia y el viento, rematado con una tragedia entre nosotros.

Los huracanes Irma, Katrina, Stan, Wilma, Frances, Charley y Jeanne me dieron nuevos amigos, no sólo colegas. Es una despedida, pero sé que siempre recordaré los pequeños momentos, y les doy las gracias. Créanme.
Susana Jiménez-Mueller

Como químico, me vi investigando, no solamente analizando muestras. Vestida con la bata de laboratorio blanca, elegantemente y lentes de seguridad, con un libro de laboratorio y pluma de tinta negra en la mano, documentando las investigaciones, resolviendo problemas, encontrando una nueva sustancia que podría hacer la vida diaria más fácil para el mundo.

En el sueño, el aire fluía entre de mis dedos mientras cogía una pipeta, con el bajo zumbido calmante del equipo de resonancia magnética nuclear en el fondo. Trabajaba sola y me encantaba. La cristalería limpia, paradas como soldados a lo largo del nivel superior del banco de trabajo, algunos altos, con líneas delgadas y un labio - un cilindro graduado, otros gordos y redondos con un cuello largo, los volumétricos, esperando instrucciones. Una escala gris sentada entre espátulas y papel de cera en una mesa separada. En el otro extremo del laboratorio, la campana de vidrio tenía con seguridad productos químicos concentrados y ácidos fumantes. Mi laboratorio tenía una gran ventana con vistas a un lago verde. Había estaciones y los colores cambiantes de los árboles, así como los gansos, me dejaban saber la pasada de las estaciones.

Era un sueño hermoso.

Cuando me uní al laboratorio de Tampa Electric Company en diciembre de 1985, mis jeans azules y blusa estaban protegidos con una bata de laboratorio. Tres de nosotras analizábamos carbón, cenizas y aceites, éramos un gran equipo, probablemente el mejor equipo en sintonía del que había sido parte. De hecho, cualquiera que nos observaba trabajando los calorímetros, el horno de fusión de cenizas y las básculas, hubiera visto un baile bien coreografiado.

Tres químicos en transición, pivoteando, rotando y analizando. Nos turnamos para preparar muestras de carbón y, en aquellos días, parecíamos mineras con polvo de carbón que nos cubría de la cabeza a los pies;

las batas de laboratorio también podrían haber sido negras. Odiaba preparar muestras de carbón, pero disfrutaba solucionar problemas instrumentales.

Pasó un año y medio, y se abrió una posición en el departamento de medio ambiente. Solicité, y poco después, me transfirieron a la central. El vestido casual fue cambiado por un traje de negocios y tacones altos. La nueva oportunidad todavía traía días de jeans, esta vez emparejados con botas con puntera de acero, lentes y cascos de seguridad.

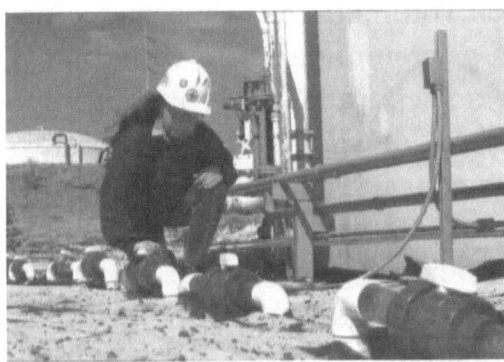

Los días de campo incluyeron la supervisión de remociones de tanques subterráneos, el desarrollo de programas ambientales, la inspección de residuos sólidos y contratos de residuos peligrosos, la respuesta a transformadores en la madrugada, incendios en subestaciones eléctricas, derrames de petróleo hidráulico o mineral y auditorías ambientales.

Una vez, en camino para auditar un incinerador de desechos, volé en un avión Leer sobre Tennessee y me senté en el asiento de copiloto. Cortamos las nubes y nos deslizamos sobre la blanca alfombra por un tiempo. Entonces la pista de aterrizaje se asomó a través de los vapores ondeante, una indicación de que aterrizaríamos pronto. El rápido descenso fue una sorpresa. Las ruedas tocaron el suelo, y el avión se balanceó de lado a lado. Así, aterrizamos.

Diferentes auditorías nos llevaron hacia Alabama y

a otros estados. Un viaje en particular nos perdimos conduciendo en medio de un pantano. Nos detuvimos en un restaurante y comimos pescado de agua dulce frito empanizado, maíz y judías verdes como guarniciones.

Durante trece años, mi trabajo ambiental fue ayudar proteger el agua y la tierra, siempre deseosa de trabajar proyectos donde pudiera usar la química para resolver los desafíos ambientales. Incluso planté campos de girasoles y usé insectos para tratar un derrame de diésel. Gran parte de mi tiempo fue dedicado a leer e interpretar las regulaciones, la parte menos emocionante del trabajo. Al final de mi asignación en el departamento, tuve la oportunidad de dirigir el equipo de cumplimiento y el programa de administración, que incluía el Centro de Manatí, en Apollo Beach.

El desarrollo de directrices, programas y planes de escritura me puso en gran ventaja para observar, aprender acerca de la empresa y también cómo cada departamento trabajaba para apoyar la generación, transmisión y distribución de electricidad durante eventos de tormenta. Aprendí que cuando llega el mal tiempo, se necesitan muchos empleados para orquestar un nivel ejemplar de respuesta y recuperación.

Se me ocurrió que los empleados son la sangre vital de la empresa y esencial no sólo para la respuesta, sino también la recuperación.

El desarrollar el primer Plan de Respuesta a Tormentas Ambientales y una visión de cómo utilizar el Sistema de Comando de Incidentes durante la respuesta y recuperación de tormentas me catapultó a los próximos diecisiete años de mi carrera. Desarrollé e implementé un Programa de Manejo de Emergencias y Continuidad de

Negocios para Tampa Electric y TECO Energy, Inc.

Reconocí que era necesario un enfoque de preparación de la 'comunidad completa' para garantizar que las aptitudes se combinaran con trabajos de respuesta de emergencia y recuperación para apoyar las operaciones. Poco a poco durante los primeros siete años, el esfuerzo para enseñar y promover la preparación culminó en una base de empleados que abrazó fuertemente la preparación personal y familiar y sus asignaciones de trabajo de emergencia.

Cada tormenta y evento nos permitió ajustar los planes como parte de un enfoque de tres ramas: la preparación de empleados, empresa y comunidad. La preparación de los empleados se convirtió en un aspecto crucial de la resiliencia en un mundo cambiante después del ataque de las Torres Gemelas el 9-11.

Sería negligente si no notara que la exposición al sistema de natación MSA en agosto del 2004 sirvió para mantenerme centrada mientras administraba a más de quinientos empleados de logística durante la respuesta a los huracanes consecutivos ese mismo año, los huracanes Charley, Frances, y Jeanne.

La siguiente temporada de huracanes, me vio administrando la respuesta a TECO Transport remotamente desde Tampa cuando el huracán Katrina diezmó sus operaciones, dejando veintitrés pies de agua en el edificio de oficinas, y peces capturados en cercas de eslabones de cadena. El huracán Wilma, más tarde en la temporada 2005, golpeó el área de Miami, y por primera vez, apoyé a Peoples Gas en su restauración.

Hubieron muchas otras tormentas y eventos nacionales donde un enfoque de todo riesgo en la preparación nos sirvió, así como la comunidad, apoyando la preparación local y federal para traer mejores prácticas y también ayudar a la industria eléctrica. Sostuve una visión de preparación holística a medida que mi educación se expandía para apoyar mi asignación, obteniendo certificaciones en Seguridad Marítima, Gestión de Emergencias, Seguridad Física y un máster en Gestión de Continuidad del Negocio.

Escribí el poema al comienzo de esta historia el 13 de septiembre de 2017, la tercera noche de nuestra respuesta al huracán Irma. Es un homenaje a los hombres y mujeres que trabajaron junto a mí, y ayudaron a construir una cultura de preparación en TECO Energy. En particular, un grito a mi equipo a lo largo de los años: Sue Connell, Angie Leslie, Audrey Cain, y Kelly Knigge.

Tuve la bendición y mucha suerte de retirarme el 1 de abril de 2017, como Directora de Gestión de Emergencias y Continuidad de Negocios de TECO, con una carrera de más de treinta y dos años llena de desafíos, oportunidades y crecimiento.

A veces nuestros sueños se convierten en una realidad tomando una forma diferente. No tuve una carrera completa como químico, ni encontré una nueva sustancia que facilitaría la vida diaria en el mundo, pero mi química me llevó a un legado que marcaría la diferencia en la comunidad de Tampa, así como en el sector eléctrico en los años venideros.

Y quién sabe, tal vez todavía encuentre una nueva sustancia en forma de una galleta para traer dulzura a muchas vidas.

BAILANDO UNA JIGA

2018-2019

Bailando una jiga
Soy hecha de niebla montañosa
y el jugo de caña de azúcar que
corre por mis venas como savia.

Soy el susurro de lenguas lejanas y
las mujeres que vinieron antes de mi.
Soy su esencia, ya ves.

Soy serenatas en la medianoche, guitarras,
arpas y castañuelas. Soy la frescura de la
brisa de la mañana.

Soy hecha de pastos verdes, montañas,
nieve y ríos lentos.
Soy hecha de largos vestidos de lino blanco,
encajes y sombrillas para el sol, y la lluvia.
Soy hecha de desiertos, valles y lugares bucólicos.
Soy la mujer bajo un techo de paja, bailando una jiga.

Susana Jiménez-Mueller

Mis habilidades verbales y ortográficas en español, se disminuyeron en mis años preadolescentes mientras que favorecía comunicarme en inglés, el resultado de una temprana asimilación idiomática. Culturalmente perdida, me adapté al exilio en Miami, mientras estaba sumergida a la sombra de los recuerdos de Cuba, de mi madre, familia y amistades.

Mamá me infundió de un amor por Cuba, que sólo

podía saborear a través de sus recuerdos, poemas, comida, bailes como la jota, y la mazurka, un baile polaco popular en la década del 1920 que ella bailó con su madre y hermanas y más tarde con nosotros — el cual le he enseñado a mis hijos y nietos.

Mi madre se convirtió en el eje sobre el que giré, así como en la estrella en la que yo giraba.

De frente y al centro, había una fe inquebrantable en Dios mientras hablábamos de la necesidad de hacer familia, y unir a la gente. Aprendí sobre nuestra familia y el pasado por las anécdotas e historias sobre la guerra, espías y la vida de nuestros antepasados en España, las Islas Canarias y Cuba.

Escuché las mismas historias cada vez que un recuerdo se agitaba en ella, o cuando ella añoraba su patria y su gran familia extendida. Me sorprendía, que recordara tanto cuando nada estaba escrito. Las historias me intrigaban, y quería entender cómo sus vidas se entrelazaban en una isla, a una distancia de noventa millas, pero emocionalmente a un millón de millas de distancia de mí.

Aunque nombres como Espinosa, Cárdenas, Jiménez, Rodríguez del Rey, Pérez de Morales, López y Sarduy se convirtieron parte de mi infraestructura personal e historia, tenia un entendimiento insignificante de las personas que representaban y me preguntaba dónde yo encajaba en el mar de nombres.

Debido a las diferentes circunstancias y la débil salud de mi hermana, nos mudamos entre Venezuela y Estados Unidos cuatro veces. Cada vez llevábamos menos, pero cada vez, Mamá hacía espacio para nuestra caja de fotos. La caja, contenía diplomas, certificados de nacimiento, cuadros, así como pequeños recuerdos que autenticaban, y certificaban vidas vividas.

Cuando era adolescente en Venezuela, mi español no servía como pasaporte para entrar en el círculo íntimo de amigos de la escuela, y en Miami, me servía al andar en los barrios de influencia cubana.

Convertirme en una ciudadana naturalizada a los veinte años de edad eran palabras en un papel, firmadas y selladas por un juez. Aunque el documento indicaba que los Estados Unidos me había adoptado, tomaría años antes de que me sintiera estadounidense.

Yo no era el único joven cubano que preguntaba:

—¿Adónde pertenezco y cuál es mi identidad?

Sabía que descendía de españoles. Nacida en el Caribe. Luchaba tener un pedazo de tierra, y sentía que no podía llamar mía, ni a Cuba ni e América - sentía que no pertenecía a ninguna.

A través de la investigación genealógica, me enteré del servicio militar de la familia de Jon, que me proporcionó una rica perspectiva de lo que significaba ser estadounidense. Eche raíces compartiendo una vida con mi esposo y viendo su amor por el país. A través de él, nuestros hijos y mi trabajo, me convertí en parte del tejido Americano.

No fue hasta las pruebas comerciales de ADN, y la genealogía genética, que mi búsqueda culminó en una explosión de hallazgos en mi propio árbol. Encontré primos lejanos en la misma búsqueda de identidad y raíces. Sí, validé la ascendencia europea, pero no sólo la española, sino también portuguesa, francesa, italiana, irlandesa, británica, judía e Amer-india. Me quedé impresionada por este último hallazgo. La huella de mi clan materno ancestral está en América del Norte, Central, y los Andes. Sólo puedo suponer que una de mis madres ancestrales fue traída a Cuba para aumentar la fuerza laboral como parte de la conquista española de las Américas.

Mis madres ancestrales habían estado aquí por miles de años. ¡Increíble! Mi sensación de no pertenecer a un pedazo tangible de tierra se disolvió instantáneamente.

Amplié la comprensión de mí misma, en el contexto de la genética, en las historias que mi madre contó, y en las nuevas conexiones familiares que hice con primos lejanos, mientras andamos juntos nuestro viaje genealógico. Aparte de estimar cuánto tiempo hacía que mi madre ancestral nativa americana vivió en Cuba, también encontré que mi familia europea hizo de Cuba su hogar desde la época colonial.

Para cerrar el círculo de ascendencia, visité la ciudad de mi nacimiento en 2019. Nuestra hija Rebeca y yo llegamos a Santa Clara, Cuba, el domingo 12 de mayo, Día de las Madres. Qué perfecto tenerla conmigo mientras celebrábamos el día como madres, y nos embarcábamos en una aventura de diez días, para conocer a primos lejanos por primera vez y familiarizarnos con la ciudad y la isla.

El domingo, la prima Melinda nos recogió en el aeropuerto con un conductor en un Almendrón, un viejo auto americano. Después de efusivos saludos, las maletas estaban en el maletero y nosotros en el asiento trasero, sin cinturones de seguridad; esos nunca estuvieron disponibles en los coches de la década del 1950. Atravesamos las afueras de Santa Clara para dejar el equipaje en el hostal y recoger a Isabel, la dueña y posiblemente mi prima, en nuestro camino a la cena con la familia de la prima Norma para el Día de las Madres.

El carro dio la vuelta a la esquina, y ahí estaba Norma, cinco años mayor que yo, y toda su familia esperándonos afuera. El carro se detuvo, abrí la puerta y corrí hacia ella. La primera indicación que yo estaba entre familia fue abrazar su frágil figura, y exclamó:

—Oh, como si abrazara a Tía Marta, gordita.

Nos sentamos en la sala. Los parientes se pararon en la puerta abierta y se inclinaban por la ventana fumando y escuchando historias. El contarnos sobre nuestras vidas y la situación en Cuba se convirtió en el rompehielos. Los adolescentes también se sentaron a escuchar sin aparatos electrónicos llamando su atención. A media noche, Isabel sacó una foto de su tía Ñica, y yo inhale un suspiro. ¡La señora de la foto era idéntica a mi abuela paterna, Vicenta!

Exclamé:

—Oh, mi Señor, Isabel. Creo que esta imagen valida la corazonada que estamos relacionadas.

Llegamos a la casa de Isabel un poco después de la medianoche, y nos sentamos alrededor de la mesa del comedor bebiendo café. Esperé, mientras ella sacaba notas familiares de un cuaderno en espiral. En la esquina superior derecha, en tinta negra, vi el nombre de mi bisabuelo, Vicente Espinosa Cárdenas, anotado casi como un pensamiento posterior. Su nombre escrito de lado junto al nombre de su bisabuela, Mariana, indicaba que eran hermanos. Estremecida, encontré una conexión con mi línea paterna.

No hubo un día que no conociera a un pariente, desde la persona que nos ayudó a cambiar euros por pesos convertibles en una concurrida esquina en la calle hasta el conductor que nos llevó en fantásticas excursiones a lugares como Trinidad, Cayo Santa María y

Hanabanilla.

El martes, Rebeca y yo nos fuimos a Trinidad, patrimonio de la humanidad, en nuestra primera aventura con Norma, Melinda y Jonás. Era una fiesta en ruedas, con el exuberante verde del campo, enmarcando las arboledas salvajes de las altas palmeras reales. Viajamos con las ventanas abiertas al viento y la frescura de la Sierra Maestra donde Fidel Castro había hecho su enclave sesenta y cuatro años antes.

El largo viaje en carro en el Almendrón y el almuerzo en el restaurante La Marinera fueron escenarios perfectos para conocernos, a menudo abarrotando años de información de familia en intercambios cortos. Si me callaba un momento, podía oír varias conversaciones transcurriendo al mismo tiempo.

Dije abrazando a Norma riendo:

—¡Hablas más que yo! Todos se unieron con risa en la alegría.

En Trinidad, visitamos un museo ubicado en una antigua casa colonial acomodada, el Museo de Arquitectura, recorrimos las calles empedradas, compartimos una canchánchara, una bebida mixta hecha con agua ardiente (el primer destilado de caña de azúcar), jugo de limón y miel, en la Taberna la Canchánchara. Bailé con Melinda al aire libre, y a la vista de turistas rusos.

La conversación en el viaje de regreso a Santa Clara, sólo paro cuando tomábamos fotos de carros tirados por caballos, guajiros, y nos detuvimos en un puesto en la carretera para comprar mamey, la fruta favorita de Melinda.

El viernes, la última de las gotas de lluvia se vaporizó en la acera, añadiendo a la pesadez de otro día caluroso sin brisa. Llegamos al mediodía a casa de Norma y Percida, su hija. Ella nos prestó chancletas, y nosotros también nos desparramamos en la acera. Los primos fumaban puros cortos mientras Melinda y yo conversábamos sobre un árbol genealógico dibujado a mano usando el alféizar de la ventana como mostrador. El movimiento entre las casas de Percida y Norma era fluido a medida que se servían refrigerios.

En la sala de estar arregle un área de entrevistas improvisada utilizando el sofá de roble antiguo como un escritorio lateral y yo en un sillón, dos ventiladores moviendo el aire cálido.

Melinda hizo cancháncharas con cubitos de hielo. Las galletas cubanas y la mayonesa se presentaron en una pequeña mesa, a la que añadí una pequeña bolsa de almendras asadas. Las almendras fueron un éxito, cada persona tomó una nuez y mordisqueó lentamente saboreando su salinidad - Deseaba tener más almendras para compartir.

Seguí participando de las ofrendas, bebiendo, y configurando mi escáner portátil y grabadora digital. Pronto, Norma trajo un pequeño sobre blanco con fotos. Se sentó junto a la grabadora digital y me entregó una fotografía de ciento cincuenta años de mi bisabuelo Sebastián y su abuelo José, el hermano de mi abuelo.

Reconocí la imagen tan pronto como la sostuve en mis manos. Hace años, me dieron una copia de un documento escrito por un descendiente de tío abuelo Máximo, el hermano de José y Manuel, que mencionaba la foto. El documento también decía que nadie sabía quién tenía la fotografía. ¡Qué fortuita ocasión haber tropezado con la foto y su dueña!

Examiné cada detalle. La imagen de sepia estaba

166

montada en cartón negro con arañazos y agujeros. En la parte posterior, la escritura a lápiz era indiscernible. Me preocupé por que la fotografía no encajara en el escáner portátil, pero sí la pude escanear. Mientras tanto, nuestras conversaciones grabadas estaban documentando la ocasión trascendental.

Temblando, tomé la foto en mis manos. Debería haberme puesto guantes blancos. Otras fotos salieron del sobre, cada una tan preciosa como la última.

El domingo, mientras visitaba a Rosa, la hija del tío José, nos sorprendió saber que Numidia, su hermana que vive en los Estados Unidos, le había recordado que nos mostrara la casa de los abuelos.

Abuelo Manuel Rodríguez Cárdenas vendió la finca de Manajanabo, en la década del 1930 y se trasladó a Santa Clara con Abuela Eleuteria, y las niñas, Marta (mi madre), Celia y Adela que tenían veinte años.

La casa colonial del 1850 que alquilaron se encuentra en Máximo Gómez entre Julio Ober "San Vicente" y Martí. La casa no tiene un número, pero tiene un letrero de la UNEAC. Es un lugar de encuentro para escritores y artistas, La Unión de Escritores y Artistas de Cuba.

Estas casas fueron construidas en forma de una L con la cocina y el comedor en la parte trasera de la casa. La sala de estar era el espacio situado al entrar por la puerta principal. A su izquierda estaba el primer dormitorio, el único dormitorio con una ventana. El resto de las habitaciones estaban situadas a lo largo del corredor, y en entre los dormitorios en el centro, un baño con inodoro, lavabo y bañera. Después de la Revolución Cubana, la casa se fusionó con la casa de al lado al demoler la pared que separaba los patios.

La casa de los abuelos se ve como nueva, conserva

las losas pintadas a mano originales con rosas amarillas y rosadas en lo que era la sala de estar.

No sé si el exterior y las paredes interiores fueron pintadas recientemente.

Al salir de la casa, a la derecha, subiendo la colina, a pocas cuadras se puede ver El Parque Leóncio Vidal, el parque central. Y el ayuntamiento donde mi madre trabajo.

Gracias a Juan, también autor, el esposo de Rosa, obtuvimos acceso a la casa, y Rebeca tomó videos.

Nuestro horario y perspectiva tuvo que ser flexible, ya que el itinerario del viaje que había moldeado cuidadosamente en los últimos meses cambió por completo para acomodar un montón de tiempo familiar, excursiones y sorpresas genealógicas.

Visitar la casa donde mi madre conoció a mi padre fue increíble. Con fotos viejas, me transporté a un momento y lugar donde su futuro aún brillaba. Luego recordaba su último día cuando ella, debido a la enfermedad de Alzheimer, se volvía inquieta, y quería ir a casa con sus padres y hermanos.

Me pregunto:

—¿Dónde está el hogar? ¿Qué es el hogar? ¿El hogar es un estado de ánimo o del corazón? ¿Es el hogar de tus padres o el hogar donde criaste a tu familia?

Entendí que tal vez es todo, empaquetado, resbalando dentro y fuera del tiempo.

Durante cincuenta años, el área del río Hudson entre

New Jersey y la ciudad de New York me tiró con recuerdos del último lugar donde nuestra familia estaba y donde mi padre tomó su último aliento.

Yo tenía diez años. Todavía lo recuerdo como hogar.

El viaje a Santa Clara, mi ciudad natal, selló mi identidad y me dio cierre. Luchar y tratar de encajar con una cultura u otra terminó, y eso me dio espacio para enamorarme de la lengua española.

Encontrar conexiones familiares perdidas, fotografías, hogares de antaño y establecer mi identidad como cubano-estadounidense requería paciencia, perseverancia y resiliencia. La genealogía proporcionó la herramienta y el mecanismo de afrontamiento a medida que lidié con el cambio en nuevos ambientes. Mi fe en Dios y el amor de mi familia proporcionaron un marco para aceptar mi identidad.

Florecer como cubano-estadounidense era como buscar y encontrar agua en un desierto. Mi sed de pertenencia y asimilación me llevó a reinventarme una y otra vez a medida que me adaptaba. Gracias a Dios, a la familia y a las personas que me inspiraron a lo largo de la vida, puedo decir que ya no estoy culturalmente perdida.

He reconciliado mi identidad. Soy la mujer bajo un techo de paja, bailando una jiga.

EPÍLOGO

Para mí, el éxito de este libro, es haber encontrado un eje común para la colaboración, y cohesión de esfuerzos, que permitieron hacer realidad este proyecto de vida. Nosotras, trajimos nuestras mejores habilidades, permitiéndonos el espacio necesario para contar nuestras historias.

El proceso validó nuestras historias a medida que trabajamos viendo lo diferentes que pueden ser dos mujeres cubanas, desde la forma en que contamos nuestras historias, hasta nuestras voces y creencias personales.

Lo más importante es que el proyecto reforzó nuestro deseo de mostrar nuestra individualidad. y llevar el mensaje de que nadie debe dictar los límites del éxito a los demás.

Cada persona, en su singularidad, como nuestra huella digital o 'huella ADN', como seres humanos, tenemos la capacidad de alcanzar el éxito y tener una vida feliz, en nuestros propios términos.

RECONOCIMIENTO

Ofrezco mi amor eterno y gratitud a mis padres, Orlando y Martina (Marta), quienes me enseñaron perseverancia, ética de trabajo y amor a Dios.

Mi hermana Gloria que era como una segunda madre y una hermana maravillosa. Mi mamá y Jon, mi esposo, por su apoyo mientras yo embarcaba en diferentes proyectos a lo largo de la vida.

Mi hija, Rebeca, y mi hijo, Zachary, siempre aportando soluciones. ¡Disfruto tanto los adultos en los que se han convertido!

Mi familia materna, Los Rodríguez, demasiados para nombrar, por ser nuestra red de seguridad y un hermoso ejemplo de lo que es ser una familia.

El primo Manolito y su esposa Edith, Lidia y Damaris, Ricardo y Nora por apoyar nuestra investigación genealógica Rodríguez. Además de mis primos de ADN, instrumentales en la búsqueda de gemas genealógicas en el camino: Loly, Carilyn, Osmi, todas las Marías, Viccky y Reinaldo.

Elsie y Ernie Rodríguez, mis amigos de la infancia, por hacerme sentir que era como cualquier otra niña.

Maria Rey, Angie Leslie, Jamie Woodlee, Pat Boody y Stephanie Kilborn por formar parte de mi familia TECO y mis amigos a través de las buenas y las malas. Vilma Brueggemeyer y Maggie Domínguez por ser mis mentoras. Albert Perotti, Jr. por abrir nuevas oportunidades en el mundo de la seguridad física, y ser un amigo.

Spence Autry, un amigo y coescritor, por presentarme a Val y a Bloomingdale Writers Connection.

Nuestros nietos Xavier, Logan, Raiden y Brandt por enseñarme a ser niña de nuevo.

Mi agradecimiento a Val Perry por presentarme a Life Story Writing. Partes de esta antología tienen raíces en las clases de historia de vida de Bloomingdale Writers Connection.

Por último, pero no menos importante, mi coautora, por su dedicación a nuestro proyecto y convertirse en mi hermana isleña.

Santa Clara, Cuba. Diciembre 1959 – Susana.

Caracas, Venezuela. Enero 1964 — sentados: Tío Pedro, Mamá, yo y Papá. Glori de pie.

Volando

por
Varios escritores

ABUELO ¿QUÉ ES CUBA?

Escrito por: Esteban Fernández

El nieto pregunta: —¿Qué cosa es Cuba?

Y el abuelo le responde: —Okay, pero no corras, siéntate tranquilito por unos segundos, que yo te voy a explicar:

Cuba no es el Quetzal guatemalteco, ni el águila americana. Cuba es un tomeguín del Pinar. No es rock & roll ni tango ni merengue. Cuba es rumba, guaracha, son y danzón.

Cuba no es un sueño mío, es una realidad. Es algo que aunque creas lejos, está muy cerca. Mira, toca mi corazón y sentirás los latidos de Cuba.

Cuba es mi madre, es la madre de tu padre y la tuya propia. Cuba es mi cuna. Cuba es hoy, mañana y siempre. Cuba es pasado, presente y futuro.

Cuba no es Fidel ni Raúl Castro, sino Maceo, Martí, Máximo Gómez, Pedro Luis Boitel y Vicente Méndez. Cuba no es de los esclavizadores, sino de los que un día romperán sus cadenas.

Cuba es un gallo que desde la campiña oriental nos despierta cada mañana. Es ron, tabaco, azúcar y las Mulatas de Fuego de Tropicana. Cuba es una fijación mental. Está en un bolero, en un olor, en un suspiro y en las lágrimas que a veces puedes ver rodar por mis mejillas.

Cuba es un cielo azul, como el que tú nunca has visto. Cuba es temporal y es arco iris. Es Quintín Banderas y

Calixto García. No es ni negra, ni blanca, ni mulata. Cuba es un arado, un bohío, un himno, un escudo, una bandera y un machete mambí.

Cuba no es Washington, ni Moscú, ni París, ni Madrid. Es Varadero, el Salto del Hanabanilla y un guajiro gritando: —Coge el trillo, Venao

Cuba no es saber decir: Coño. Cuba es saber decir ¡Patria!, pero si quieres usar la palabra "coño", utilízala nada más que para decir: —¡Yo soy cubano, coño!

Cuba es una historia. Es miles de páginas de historia anegada con mucha sangre de cubanos para que puedas tener el orgullo de decir: —Por mis venas corre sangre cubana. Por mis venas corre la misma sangre de mi padre, mi abuelo y de Ignacio Agramonte.

Cuba no es solamente una isla. Es monumento y altar. Y no basta con tener a Cuba en el pensamiento, hay que ponerla en un pedestal. No basta con tenerla de adorno en el ojal del traje; hay que llevarla en el alma y dentro de nuestro ser.

Ser cubano es un derecho, ser cubano es una religión. No es una obligación, sino una bendición de Dios. Cuba es Celia Cruz gritando: —"Azúcaaaa". Es ajiaco, quimbombó y malanga amarilla.

Todo me recuerda a Cuba. Está en el sándwich y la media noche que me como, en el Ironbeer y la Materva, en el pastelito de guayaba, en una mariposa volando a mi alrededor, en una vieja canción de Ñico Membiela y en un chiste de Álvarez Guedes.

Cuba es la Protesta de Baraguá y el Grito de Baire. Cuba es el Grito de Yara. Es la Tierra más hermosa que ojos humanos han visto, como dijera Cristóbal Colón. Cuba es el Indio Hatuey, es Playa Girón y el 20 de Mayo de 1902. ¡Sí! Cuba es fiesta, pachanga, carnaval y ron

Bacardí. Pero Cuba también es: Miles y miles de mártires caídos desde 1492 hasta el 2022.

Cuba es un tesoro escondido que yo quiero encontrar. Sé que está ahí pero no lo puedo tocar. Y si tu abuelo muere sin ese tesoro, no llores. Levanta la frente y ante su tumba promete: ¡Que tú lo vas a buscar! ¡Que tú lo vas a encontrar! ¡Y que tú lo vas a rescatar!

Y con lágrimas en los ojos, el nieto responde: —Okay abuelito, I love you.

LA NOCHE DE LOS DOS SOLES

Escrito por: Betty Viamontes

Margarita abre los ojos y nota que luces brillantes se filtran a través de las persianas. No puede creer que ya sea hora de despertarse. Al consultar el reloj en la mesa de noche, se da cuenta de que es solo la una de la madrugada. Hace frío en la habitación, por lo que se envuelve en una manta y camina hacia la ventana. Con los dedos, abre las persianas lo suficiente como para mirar hacia afuera. No puede creer lo que ve. Corre a la habitación de su mamá.

—¡Mami, despierta! Tienes que ver esto—le dice a su madre quien todavía está en la cama envuelta en su colcha, pero ella no responde.

—Mami—repite de nuevo, pero su madre sigue durmiendo plácidamente. Margarita recuerda entonces de que su mamá había llegado a casa muy tarde luego de un largo día laboral, por lo que decide no molestarla. Así que sale de la habitación.

Mientras camina hacia el cuarto de su hermana, observa que la puerta de la habitación de su hermano está abierta. No entiende por qué. Su madre no permite que nadie entre en esa habitación, no desde que recibió la noticia. Entra con pasos cuidadosos. Allí, en la cama, ve a alguien debajo de las sábanas, y cuando mira más de cerca, ve a su hermano, Rogelio. ¿Cómo puede ser? Ella no entiende. Pero lo que vio afuera es más increíble, en su mente, que ver a Rogelio después de tanto tiempo. Habían pasado cinco años desde que él se fue.

Recuerda la última vez que lo vio, en 1980, de camino al Puerto del Mariel. Se iba hacia Cuba para salvar a su novia. Pero nunca lo logró. Se perdió en el mar, le dijeron las autoridades. Sin embargo, ¡ahí estaba!

—Rogelio, ¡despiértate! —le dice y lo sacude.

—Déjame en paz—responde—. Estoy cansado.

—¿Dónde estuviste todos estos años? —le pregunta —. Todos lloramos mucho por ti.

—Déjame tranquilo. No sé de qué estás hablando.

—Podemos hablar más tarde sobre lo que sucedió, ¡pero tienes que ver esto!

—Por favor, déjame dormir—dijo Rogelio cubriéndose la cabeza con su sábana—. Mira, te traje un regalo. Está en la mesita de noche. Sé lo mucho que te gustan las rosas.

Margarita no mira la mesita de noche. En cambio, corre hacia la ventana de Rogelio, con su largo cabello rizado rebotando sobre sus hombros. Su habitación es paralela a la de su madre, con la sala en el medio, dividiéndolas. Cuando Margarita mira afuera, ¡los ve claramente! Dos luces brillantes que parecen soles que se elevan en el horizonte. Parece como si fueran las 8:30 a.m., pero ahora son solo diez minutos después de la una.

—Rogelio, tienes que despertarte—insiste Margarita —. ¡Esto es increíble!

De repente, su hermana menor, Lissy, vestida con sus pajamas y con el pelo desordenado entra a la habitación, la cual se encuentra al lado de la de su hermano.

—¿Puedes callarte de una vez y por todas? —le dice. Luego, como si hubiese notado a su hermano, agrega:

—¿Rogelio? Todos dijeron...

—Exactamente —respondió Margarita—. Rogelio ha regresado, pero eso no es todo. Tienes que venir conmigo a la ventana y mirar afuera.

Su hermana de once años bosteza.

—Estoy demasiado cansada—dice—. Me despertaste con todo tu aspaviento. Tengo mucho sueño. Rogelio, ¿puedo quedarme aquí contigo? Espero que no te moleste, mi hermano. ¡Te extrañé mucho!

—¿Pueden hacerme caso, por favor?

Margarita da unos pasos al lado de la cama de su hermano mientras que su hermana se acuesta junto a él. La espalda de Rogelio está contra ella, y él no se mueve cuando ella coloca su bracito sobre él.

—Vengan a la ventana, se los pido. Tomará solo un momento —dice Margarita, pero su hermano y su hermana ahora parecen estar profundamente dormidos.

Perpleja y frustrada, sale de la habitación zapateando, y regresa a la habitación que comparte con su madre. Ahora tiene una mejor razón para despertarla.

—Mami—le dice y le toca el hombro suavemente—. Tengo algo importante que decirte.

Su madre gime y se aleja de ella. De repente, la habitación comienza a oscurecerse, y cuando Margarita mira por la ventana nuevamente, solo la luz del reloj ilumina la habitación. Mira hacia la calle, y ve luces elevándose hacia el cielo nocturno. ¿Qué son esas luces?

Entonces decide que no sirve de nada tratar de despertar a su madre. Después de todo, podría dormir a través de un huracán. Decidida a mostrarle a su hermano las luces, sale corriendo de la habitación de su madre. Cuando se acerca la de su hermano, se da cuenta de que la puerta está cerrada. Ella la abre y mira, pero no hay nadie allí, y la cama está bien hecha. ¿Cómo puede ser?

Camina hacia la cocina y toma su teléfono celular del mostrador. Otras personas deben haber visto lo que ella vio. Es una buena estudiante que saca excelentes notas. No está inventando esto. Revisa la cuenta de Facebook. A su madre le gusta Facebook más que a Margarita, pero cree que este es un buen lugar para comenzar. No tarda mucho en darse cuenta de que nadie habla de las luces. ¿Cómo puede ser?

—¡Pero vi las luces y a mi hermano! —dice Margarita—. ¡Los vi!

Margarita quiere escribir un post para contarles lo que vio, pero no desea que la gente piense que ha perdido la cordura. Necesita pruebas. Va a la habitación de su hermana, pero cuando abre la puerta, se da cuenta de que está dormida. Luego regresa a la de su hermano. Entra lentamente, todavía envuelta en su manta marrón. Nota la hora. Son la 1:45. Frente al reloj, ve un objeto. Ella cree que sabe lo que es, pero necesita confirmarlo. A medida que se acerca, ahora puede distinguir lo que es. Su cuerpo tiembla cuando la recoge con los dedos.

Es una rosa.

EL ANILLO

Escrito por: Betty Viamontes

Tía Clara, empleada de la joyería Quintana House en La Habana, se había enamorado del anillo desde que el gerente lo exhibió el 15 de octubre de 1958. Mientras que ella examinaba el anillo con asombro, el gerente, un hombre alto de cabello negro, siempre vestido con una camisa guayabera almidonada, pantalones negros y zapatos brillosos, la miró con un aire de autoimportancia, la barbilla hacia arriba y los hombros hacia atrás.

—Es el anillo perfecto para el decimoquinto cumpleaños de mi sobrina —le dijo mi tía a mamá cuando llegó a casa.

Era un anillo de oro de dieciocho quilates coronado por una perla cultivada. Elegante y delicado, parecía hecho para una ocasión especial.

—Pero no tenemos suficiente dinero para comprarlo —respondió mamá cuando supo el precio.

Desde la repentina muerte de mi padre, en marzo de 1958, las dificultades económicas se habían convertido en una constante en nuestras vidas. Sin embargo, mi tía no estaba dispuesta a rendirse tan fácilmente.

—Ya encontraremos la manera —dijo con una convicción que no admitía discusión.

Y eso fue precisamente lo que hicieron.

Las dos hermanas comenzaron a visitar familiares dentro y fuera de La Habana. Cuando el dinero que lograron reunir no alcanzó, acudieron a sus amistades. Poco a poco, peso a peso, fueron completando la suma necesaria hasta que finalmente pudieron comprar el anillo.

Meses más tarde, durante la celebración de mis quince años en casa de unos familiares, el fotógrafo del barrio terminó de tomar las fotografías de rigor con amigos y parientes. Fue entonces cuando mamá anunció que había llegado el momento de entregarme mi regalo de cumpleaños.

La conversación se apagó poco a poco y todas las miradas se dirigieron hacia ella. En sus manos sostenía una pequeña caja envuelta en papel plateado brillante y adornada con un elegante lazo.

—Este regalo es de todos nosotros —dijo sonriendo— y también de tu papá, que hoy nos acompaña desde el cielo.

Sentí que se me cerraba la garganta.

Tomé la caja con cuidado y desenvolví el papel lentamente, como si quisiera prolongar aquel instante. Dentro encontré una cajita de terciopelo negro. Miré a mamá buscando permiso, y ella respondió con una sonrisa y un leve movimiento de cabeza.

Cuando la abrí, descubrí el anillo más hermoso que había visto en mi vida.

Todavía hoy puedo recordarlo con claridad: el brillo suave de la perla, el delicado trabajo del oro y la emoción que sentí al sostenerlo entre mis manos. Por un instante desaparecieron la música, las conversaciones y la multitud que nos rodeaba. Solo existían aquel anillo y el recuerdo de mi padre.

Entonces ocurrió algo difícil de explicar. Aunque él ya no estaba conmigo, sentí su presencia de una manera tan intensa que parecía encontrarse en la habitación observándome.

—Lee la inscripción —me dijo mamá.

Giré el anillo y observé el interior de la banda.

—Laly.

Mamá soltó una pequeña risa.

—Lo sé. Está mal escrito. Debió decir "Lali", con i. Tenía tanta prisa cuando lo encargué que no me di cuenta hasta que ya era demasiado tarde.

—No importa, mamá. Está perfecto.

Y lo estaba.

Lali era el apodo que mi padre me había dado cuando nací. Aunque mamá insistió en llamarme Leticia, él nunca se acostumbró al nombre.

—Para mí siempre será Lali, como mi abuela Lalita —solía decir.

Para una joven cubana, cumplir quince años representa mucho más que una fiesta. Es un rito de paso, el momento simbólico en que se deja atrás la niñez para entrar en una nueva etapa de la vida. Gracias al esfuerzo y al sacrificio de mi familia, aquella celebración fue la más hermosa que pude haber imaginado.

Sin embargo, los acontecimientos que transformaron a Cuba también transformarían mi vida.

Tras la llegada de Fidel Castro al poder, miles de familias comenzaron a abandonar la isla. La incertidumbre crecía cada día, alimentada por rumores y temores sobre el futuro de los hijos de quienes permanecían en el país. Muchas familias buscaron desesperadamente una forma de protegerlos, y aquella preocupación terminaría dando origen a la Operación Pedro Pan, a través de la cual más de catorce mil niños fueron enviados solos a los Estados Unidos.

En 1962, mi madre tomó una de las decisiones más dolorosas de su vida.

Me envió sola a los Estados Unidos.

Antes de partir, le rogué que me permitiera llevar el

anillo conmigo.

—Por favor, mamá. Es muy importante para mí.

Ella negó con la cabeza.

—El gobierno no lo permite, y no voy a arriesgar tu futuro por un anillo. Este es el precio que tenemos que pagar.

No tuve más remedio que dejarlo atrás.

Mi madre y mi tía permanecieron en Cuba con la esperanza de reunirse conmigo algún día y traer el anillo cuando les fuera posible salir de la isla. Sin embargo, los años pasaron y los planes cambiaron. Cuando finalmente volví a ver a mamá, cinco años después, yo ya estaba casada. Ella también se había visto obligada a abandonar Cuba apresuradamente y, al igual que yo, tuvo que dejar el anillo bajo el cuidado de mi tía.

Entonces la vida volvió a intervenir.

En 1978, un ataque al corazón acabó con la vida de mi tía, y con ella desapareció también el último vínculo tangible con aquel regalo de cumpleaños.

Los años siguieron su curso. Estados Unidos me regaló una nueva vida, una familia, dos hijos, cuatro nietos y muchas bendiciones que jamás habría imaginado cuando llegué siendo una niña. En 2004, mi madre falleció pacíficamente mientras dormía, y con su partida pensé que el capítulo del anillo había quedado cerrado para siempre.

Por eso, una semana después de celebrar mi sexagésimo cumpleaños, no esperaba encontrarme cara a cara con el pasado cuando entré en una joyería de Miami para cambiar la batería de mi reloj Seiko.

Mientras esperaba mi turno, recorrí distraídamente las vitrinas con la mirada.

Entonces me detuve.

Allí, al otro lado del cristal, descansaba un anillo extraordinariamente parecido al que había dejado en Cuba más de cuarenta años atrás.

Corrí a casa para hablar con mi esposo. Apenas dos días antes, por mi cumpleaños, me había regalado un par de aretes de perlas comprados en aquella misma joyería.

—¿Te importaría si los cambio por el anillo? —le pregunté—. Después de todo, estoy celebrando mi cuarto decimoquinto cumpleaños.

Sonrió.

—Si eso es lo que quieres, adelante.

No necesité escuchar más.

Volví a subir al automóvil y conduje de regreso a la joyería tan rápido como me atreví. Durante todo el trayecto me acompañó el temor de que alguien se me hubiera adelantado y lo hubiera comprado. Cuando llegué, encontré una pequeña fila frente al mostrador. Intenté aparentar tranquilidad, recorriendo las vitrinas y observando otras piezas de joyería, aunque mi atención permanecía fija en un solo lugar.

En realidad, no veía nada más.

Finalmente llegó mi turno.

La dependienta, una joven trigueña con varias pulseras de oro tintineando en sus muñecas, abrió la vitrina y sacó el anillo. Cuando lo colocó en mi mano, sentí la misma emoción que había sentido aquella noche de mis quince años.

Con cuidado me lo probé.

Me quedaba perfecto.

—Quisiera cambiarlo por estos aretes —dije mientras le entregaba la cajita y el recibo.

Minutos después salí de la tienda con el anillo puesto.

Mientras conducía de regreso a casa, el mundo parecía distinto. El cielo lucía más azul, la hierba más verde y el aire más ligero. Tal vez era la alegría. Tal vez eran los recuerdos.

Cuando llegué, encontré a mi esposo trabajando en el garaje. Estaba cortando una tabla de madera y, al verme acercar, apagó la sierra.

—¿Lo compraste?

Le mostré la mano.

—Lo compré.

—Me alegro.

Le conté una vez más la historia del anillo, de mi fiesta de quince años, de mi madre, de mi tía y de todo lo que aquel pequeño objeto representaba para mí. Él escuchó en silencio, como siempre hacía cuando algo me importaba de verdad.

—¿Crees que podría ser el mismo? —preguntó finalmente.

Negué con la cabeza.

—No lo sé. Mi tía nunca me dijo cuántos hicieron.

Extendí la mano para que pudiera verlo mejor.

—Déjame examinarlo.

Se quitó las gafas de seguridad, tomó el anillo y lo acercó a la luz.

Permaneció observándolo durante varios segundos.

De pronto frunció el ceño.

—¿Laly?

Sentí que el corazón me daba un vuelco.

—¿Qué dijiste?

—Aquí hay una inscripción. Dice "Laly".

Le arrebaté el anillo con suavidad.

—Déjame verlo.

Lo giré una y otra vez bajo la luz, pero no conseguía distinguir nada.

—Usa esta lupa —me dijo.

Tomé la lupa de sus manos y volví a examinar el interior de la banda.

Entonces la vi. Pequeña y desgastada por el tiempo, pero inconfundible.

"Laly."

Con una y griega.

Exactamente igual que aquella inscripción que el joyero había grabado por error más de cuarenta años antes.

Por un instante fui incapaz de hablar.

Me quedé inmóvil, sosteniendo el anillo entre los dedos, mientras una oleada de recuerdos me envolvía. Volví a verme a los quince años, rodeada de mi familia. Escuché la voz de mi madre explicando el error en la inscripción. Recordé a mi padre llamándome Lali y a mi tía recorriendo media Cuba para reunir el dinero que hizo posible aquel regalo.

Era imposible.

Y, sin embargo, allí estaba.

Después de más de cuatro décadas, después del exilio, de la separación, de las pérdidas y de tantas vueltas que había dado la vida, el anillo había encontrado el camino de regreso.

Una vez más sentí la presencia de las personas que más había amado.

Levanté la vista hacia el cielo.

—Gracias, mamá. Gracias, papá. Gracias, tía Clara.

Mi esposo no dijo nada.

No hacía falta. Simplemente se acercó, me rodeó con sus brazos y permaneció a mi lado mientras yo sostenía entre mis manos aquel pequeño milagro.

LA CARTA DE AMBER

Traducido y escrito por: Betty Viamontes (carta por Amber Cajina)

Aunque esta carta no es sobre Cuba, fue escrita por la joven cubano americana Amber, mi sobrina, enfermera y madre de tres niños, alguien quien heredó la resiliencia y la persistencia del cubano y de quien me siento muy orgullosa. A los treinta años, Amber supo que tenía un cáncer agresivo. Había que actuar rápidamente. Se sometió a los tratamientos de quimioterapia, y los médicos recomendaron que dejara su trabajo y sus estudios y se quedara en casa. No debía exponerse, ya que los tratamientos la dejarían más expuesta a enfermedades contagiosas.

Amber y Betty Viamontes en el evento de Tampa Hispanic Heritage, Hispanic Woman of the Year – 2019.

Estaba a pocos meses de graduarse de enfermera en un programa muy competitivo. Con vista hacia el futuro, insistió en seguir sus estudios. Le costaba tanto levantarse de aquella cama, pero lo hizo, siempre pensando en sus hijos. Como tantos cubanos, Amber pensó en el futuro de sus niños y expuso su propia vida. Recuerdo haber llorado y rezado con ella durante muchas noches, pidiéndole que creyera en los milagros y en Dios.

Mi bella niña se graduó de enfermera un mes después de su última quimioterapia. Transcurrieron unos meses, y a finales de 2019 fui seleccionada Tampa Hispanic Heritage Hispanic Woman of the Year. Amber, quien todavía estaba tratando de que creciera su cabello, luego de los tratamientos, se puso extensiones y se vistió para la ocasión. Esa noche, mi niña parecía una princesa. Pero no fue suficiente para Amber salvarse a si misma. Ella escribió esta carta para que otros como ella, que luchan contra el cáncer u otra enfermedad, no se den por vencidos. Esta carta también puede ayudar con otras situaciones de la vida:

Estimado futuro sobreviviente,

Como usted, una vez pasé por los mismos desafíos y luchas del cáncer. El viaje fue largo y doloroso, pero la vida es demasiado preciosa como para no tratar todo lo posible para sobrevivir. Solo sabía que tenía que luchar por mi vida sin importar mi debilidad y desaliento. Puedo decirle sinceramente que es la única manera de sobrevivir.

Lo peor para mí fue no saber que pasaría y la pérdida del control para tomar mis propias decisiones. El cáncer tomó el control de mí, físicamente, pero no dejé que me devorara. Mi fuerza de voluntad y mentalidad se convirtieron en mis mayores armas para fortalecer a mi cuerpo y así lograr seguir adelante. Si puede pasar el día sin buscar en Google el pronóstico de su enfermedad, la tasa de supervivencia y las complicaciones, esto aliviará su alma. Recuerde que no todos somos iguales, y el Internet tiende a favorecer la tragedia. Trate de llenar los vacíos y el tiempo libre con alegría, familia y felicidad. Haga ejercicios y tome un pasatiempo. Usé mis ocho meses de quimioterapia para terminar mi carrera de enfermera. Fue difícil, pero el lograrlo me hizo sentir invencible. Si era lo suficientemente fuerte como para seguir asistiendo a la escuela, entonces no estaba a punto de morirme.

—Puedo hacer esto—recuerdo que me dije a mí misma. Pasé ocho meses de quimioterapia. Cambié mi preocupación con los tratamientos del cáncer por metas normales que se establecerían para alguien que no estaba luchando contra esta enfermedad. Esto me ayudó a sentirme como una persona normal, no solo como una paciente. Mantenía mis metas de forma simple, "dos meses más y termino el semestre", "tres meses hasta las Navidades".

El cáncer nos aleja de otros. Al principio todo el mundo querrá estar allí porque son curiosos y quieren ser "chismosos", que es una palabra que me encanta usar en español. Después de eso, las personas se comienzan a distanciar. A veces es lo mejor, ya que me encontré teniendo que consolar a amigos y a algunos familiares debido a mi propia enfermedad. Les decía: —No te preocupes que voy a estar bien.

Las personas que serán beneficiosas para usted y su recuperación son las que están allí desde el primer día hasta el final, durante la enfermedad, las visitas a los tratamientos de quimioterapia, las hospitalizaciones. Créame, no necesitas un enorme círculo de apoyo, solo uno que sea fuerte.

En general, el cáncer me ha cambiado. Hizo que mis relaciones se fortalecieran y me dio una vida mejor. Hoy valúo mucho más las pequeñas cosas, y mi perspectiva sobre las situaciones es diferente. Ahora tengo la sensación de que puedo y lograré todo lo que intento porque gané mi vida en la lucha contra el cáncer, y no existe un peor contendiente. Con amor,

Amber Cajina

UN LLAMADO

Escrito por: Susana Jiménez-Mueller

¿Ha oído hablar de personas que "hacen llamados"? Un «llamado» es la acción de pedirle al universo algo en alta voz, y ese algo no se toma mucho tiempo en aparecer o llegar.

Probablemente se ha topado con esta tradición si alguna vez ha hablado con un guajiro de la campiña cubana, o tiene raíces guajiras. No se de donde proviene esta tradición cultural, quizás esté arraigada en viejas enseñanzas de aquellos que primero hicieron a Cuba su tierra: los indígenas.

¿Entonces, poder 'hacer un llamado' es un don o un mito?

En mi casa materna, se hablaba de como mi madre tenía la gracia de hacer llamados. Era famosa en ese respecto. Les contaré esta pequeña anécdota y ustedes llegaran a su propria conclusión.

Este relato, mis amigos, es verdadero:

En 1975, justo antes de Navidad, Mima caminó hacia la parte trasera del edificio de apartamentos donde vivíamos en Miami e hizo un 'llamado' al universo.

—Tráeme un Santa Claus —ella dijo—, quiero un Santa Claus.

Justo en ese momento, el viento se levantó, y un Santa Claus de adorno aterrizó a sus pies. Nunca supo de dónde vino.

El Santa adornó nuestro apartamento y luego nuestra casa durante años. En 2011, lo guardamos en un closet y parecía que se había perdido. Pero el año pasado, mientras que mi esposo Jon y yo nos preparábamos para la Navidad, lo encontramos en el fondo del closet. Lo puse sobre la mesa para tomarle una foto. Nuestra hija Beca entró y lo reconoció de inmediato re-cordando a su abuela. Así una nueva generación de descenden-cia cubana reconoce lo que es un «llamado» y lo acepta como tal.

Mi madre lleva veinte años de haber fallecido, pero en alta voz le digo:

—Mima, te agradezco por el Santa Claus, así como tu espíritu de esperanza y fe en las cosas que no podemos ver o que aún no entendemos. Pero más que nada, gracias por la libertad que hoy disfruto, que como al tocororo, me da alas para volar. Te amo.

EL SUEÑO

Escrito por: Susana Jiménez-Mueller

Mamá nunca se dio por vencida tratando de encontrar una manera de darle a mi hermana alivio del lupus. Una noche en el verano de 1970, ella soñó que estaba leyendo un libro que ayudaba a las personas a curarse, usando métodos naturalistas. Perpleja, en el sueño, sostuvo el libro tratando de entender el título y el eslogan, pero estaba en un idioma que no reconocía.

Por la mañana, antes de ir a trabajar a una fábrica de ropa, cerca del aeropuerto de Miami, nos contó sobre el colorido libro grueso con la imagen de un hombre y una familia en la portada. El nombre del autor comenzaba con una K, pero eso es todo lo que ella podía decirnos.

Esa tarde, casi pierde el autobús de regreso a casa. Empapada por el calor del verano, lo alcanzó y se subió, dejando caer las monedas en el tragamonedas. Se acercó a un asiento abierto, al lado de una señora de mediana edad, y recuperando el aliento, mamá se dio cuenta de que la señora estaba sosteniendo un libro en su regazo ¡parecido al de su sueño!

¿Podría ser? No podía creerlo. Siguió mirando furtivamente, y tuvo el valor de preguntarle si podía mirar el libro. La señora se lo entregó diciéndole: —Por favor, ten cuidado.

Mamá acarició la cubierta suavemente, como para absorber cada matiz. El nombre del autor era Dr. Kühne, ¡un alemán! Examinó la carátula, maravillándose de las imágenes y las instrucciones naturalistas.

Ella preguntó: —¿Dónde compro este libro? Me encantaría tener una copia, mientras procedía a hablar sobre la enfermedad crónica de mi hermana.

La señora dijo: —Me lo enviaron desde México.

Mamá quería preguntarle si podía pedirlo prestado, internamente luchando con el hecho de que la mujer no la conocía y ¿por qué le prestaría un libro que era difícil de encontrar? Sin embargo, ¿qué perdería preguntándole?

Después de un ratico, le dijo: —¿Me pudieras prestar el libro?

—Que vá, no puedo.

Mamá dijo: —Solo lo necesito una noche. Te prometo que estaré en el autobús mañana.

En un pedacito de papel, rápidamente anotó su número de teléfono y la dirección de la casa.

Al fin, y con gran ansiedad, la señora le entregó el libro, y esa noche, mamá no durmió transcribiendo secciones para poder aplicar los procesos de naturoterapia e hidroterapia.

La luz de la mañana se coló por la pequeña ventana de la cocina.

Mamá estiró lentamente sus dedos y brazos adoloridos. Gloria había colado café y deslizó la tacita frente a mamá.

Como le prometió a la dueña, le devolvió su libro, y ese año comenzamos nuestro experimento como vegetarianas y naturalistas. Sabíamos que el viaje de curación de Gloria había comenzado un poco tarde, pero teníamos que intentarlo.

Consiguió el libro en Venezuela. El Dr. Kühne era un naturópata alemán conocido principalmente por sus métodos de hidroterapia en los mil ochocientos. Nuestra copia era en español.

MIRA ABUELO, ESTA ES CUBA PARA MI

Escrito por: Esteban Fernández

Le digo a mi abuelo: —Mira abuelo, tengo una sorpresa para ti. En la escuela me pidieron que escribiera algo, y yo escribí de tu Cuba. Escucha abuelito:

Cuba es una palabra SAGRADA. Es la palabra que más yo he escuchado en mi vida. Si mal no recuerdo, las primeras palabras que escuché al salir del vientre de mi madre fueron las de mi abuelo gritando: —¡Carajooo, llegó al mundo otro cubanito!

Cuba es una palabra que cuando el noticiero la menciona yo sé que me tengo que quedar callado y si no me callo tengo que escuchar a toda la familia regañándome y diciéndome: —¡Cállese la boca, muchacho, que están hablando de Cuba!

Y si en la televisión americana oigo la palabra QUIUBA, ya yo sé que tengo que escuchar y estar listo para traducir, porque el abuelo inmediatamente, como un resorte, me va a preguntar: —A ver, a ver ¿qué están diciendo de Cuba, chico?

Pero a mí alrededor, Cuba no es una palabra, Cuba es como un credo, como una religión. Tal parece que todos en mi casa tienen a Cuba en un altar. Cuba es una obsesión. Me imagino que hasta el agua bendita de las iglesias debe de venir del río Mayabeque de Cuba. Y con lo fuerte que es mi abuelo, con lo mucho que me ha repetido en mi vida que "Los hombres no lloran", él llora cada vez que menciona a Cuba.

Cuba es como una sombra que me persigue a todas partes. Está en las conversaciones, en las discusiones, en las fiestas, en los velorios, en los periódicos que lee mi abuelo, en su página de Facebook, en forma de islita en una cadenita que me regaló mi abuelita, y hasta en la fiesta de quince años de mi primita se habló mucho de Cuba.

Tener la sangre cubana, esa que tanto mi abuelo me dice que yo tengo, es muy bueno, porque me permite ir a McDonald's y a Burger King, y después llegar a la casa y comerme unas croquetas, una medianoche y una papas rellenas. Puedo disfrutar de la música de aquí y al mismo tiempo me encantaba cuando escuchaba a Celia Cruz gritando: — ¡Azúcaaaaaa!

Mis compañeros americanos de colegio tienen una sola patria, pero yo tengo dos: la mía y la de mis abuelos. Ellos tienen sus héroes nacionales, yo tengo los de ellos, los míos y los de mis abuelos. Es más, mis compañeros de colegio no tienen el privilegio de saber quienes fueron José Martí, ni Antonio Maceo, ni Máximo Gómez, y yo si sé quienes fueron porque mi abuelo me lo ha enseñado... Y yo tengo, por ser cubano, según mi abuelita, tres santos: San Lázaro, Santa Bárbara y la Caridad del Cobre que me cuidan hasta de un simple catarro. Mis Navidades son más largas porque llegan hasta el día de Los Reyes Magos el 6 de enero.

¿Qué dónde está Cuba? Si ustedes le preguntan a mi abuelo Esteban, él se señalará con el dedo índice a su pecho. Ahí está Cuba: ¡En el corazón de mi abuelo!

Pero mi abuelo y yo no siempre estamos de acuerdo en lo que es Cuba... Para mí Cuba es José Canseco y para él es Orestes Miñoso; para mí Cuba es Andy García y para él es Cesar Romero; para mí Cuba es Gloria Estefan y para él es Olga Guillot; para mí Cuba es Willy Chirino y para él es Barbarito Diez. Para mí Cuba es "la Salsa". Para él Cuba es rumba y guaguancó.

Cuba, según el mapa de este colegio está en el Caribe,

pero la verdad es que Cuba está en mi hogar. Cuba está dentro del refrigerador de mi casa, en el patio, en las matas de aguacate y de guayaba que sembró mi abuelo, traídas de Miami. Cuba está en el lunch que me prepara mi mamá, donde siempre encuentro unos pastelitos de guayaba, y en el café La Llave que cuela mi abuela.

Y no sé la calificación que recibiré con esta composición, pero no importa. Estoy contento porque estoy seguro de que mi abuelito con lágrimas en sus ojos me dará una A.

Al leérsela, mi abuelo Esteban, sonriente y orgulloso, me dice: — ¡No, no voy a llorar, y no solamente te doy una A, sino que te daré un abrazo, coño!

Y grita: —Sandra, ¡ven acá, para que escuches lo que escribió tu hijo Jaxon!

LAS AUTORAS

Betty Viamontes, CPA, MBA

Betty Viamontes es autora de siete novelas y una antología de cuentos. Su novela, *Esperando en la calle Zapote*, es ganadora del premio Latino Books Into Movies Award. El sitio web Latino Author enumera esta novela autobiográfica como uno de los mejores diez libros de 2016. En 2017 y luego en 2020, se convirtió en un bestseller de Amazon. También fue seleccionada por un club de libros femenino de las Naciones Unidas y varios otros. "*La niña de Arroyo Blanco*, Las niñas de Pedro Pan: Buscando el cierro y Hermanos: Los niños de Pedro Pan, respectivamente, fueron Nuevo Lanzamientos #1 en Amazon. Sus obras han aparecido en varias publicaciones, incluyendo la prestigiosa revista literaria de la Universidad del Sur de Florida, *The Mailer Review*. Betty Viamontes posee dos maestrías de la Universidad del Sur de Florida, así como un Certificado de Posgrado en Escritura Creativa.

https://twitter.com/bviamont
https://www.facebook.com/betty.viamontes
https://www.linkedin.com/in/betty-viamontes-cpa-mba-69674466/
https://www.instagram.com/bettyviamontes/

Susana Jiménez-Mueller, MSBC

Susana, una escritora cubano-estadounidense, es autora de Now I Swim, y colaboradora de Perico - The Fabulous Burro — El Fabulosos Burro.

Ella es la autora, productora, y anfitriona del podcast *The Green Plantain* — un proyecto de historias cubanas.

Susana escribe prosa y poesía sobre el amor por la familia, la genealogía y lo microscópico. Susana tiene una Maestría en Administración de Continuidad de Negocios de la Universidad de Norwich, una Licenciatura en Química de la Universidad Internacional de Florida, y un certificado de escritura del Instituto de Literatura Infantil.

Enseña Escritura de Historias de Vida y lidera el Proyecto Bloomingdale Regional Library Life Stories Enrich (LISTEN), produciendo audio grabaciones para escritores en Valrico, Florida. Ella es una ávida genealogista y narradora familiar. Actualmente está trabajando en una novela basada en su familia, que data de la época colonial en Cuba.

www.susanasbooks.com
www.Instagram.com/susanasbooks
susana@susanas-books.com
https//twitter.com/susanas_books
www.facebook/susanasbooks
Linkedin.com/in/susanamueller

PREGUNTAS PARA CLUBES DE LECTORES

El vuelo del tocororo es una antología de memorias escritas por dos cubano-americanas. El libro se divide en tres secciones: Buscando mis alas, escrito por Betty Viamontes, Surcando el viento, escrito por Susana Jiménez-Mueller, y Volando, por varios escritores. Las siguientes preguntas compiladas de varios sitios web de clubes de lectura (ver enlaces a continuación) se pueden utilizar para discutir las historias por separado o la antología en su totalidad.

1.¿Cuál fue su reacción inicial al libro? ¿Le enganchó inmediatamente, o le tomó algún tiempo para ser captada por el libro?

2. Cada autora habla de un tema diferente. ¿En qué se diferencian los temas de sus historias?

3. ¿Sintió que estaba leyendo una historia "verdadera"?

4. ¿Las historias empezaron demasiado lentas o terminaron sin resolverse?

5. ¿Desea que se les haya contado las historias desde una perspectiva diferente?

6. ¿Qué pruebas enfrentó cada autora?

7. ¿Aprobó de sus decisiones y su comportamiento?

8. ¿Con quién se relacionó más/menos?

9. ¿Hay alguna cita, pasaje o escena que haya encontrado particularmente convincente?

10. ¿Había partes del libro que creía que eran increíblemente únicas, fuera de lugar, provocadoras en pensamiento o perturbadoras?

11. ¿Cómo aparece el tema de "el vuelo del tocororo" en cada historia?

12. ¿Cuáles fueron los puntos principales que crees que los autores estaban tratando de hacer?

13. ¿Noto algún simbolismo?

14. ¿Qué pensó del final de cada sección?

15. ¿Estaba satisfecho o decepcionado de cómo terminaron las historias?

16. ¿Hay algo sin resolver o ambiguo?

17. ¿Cómo se imagina la vida de los personajes después del final de la historia?

18. Cada mujer está expuesta a diferentes culturas. ¿En qué se diferencian las culturas?

19. ¿Qué cambios/decisiones esperaría si el libro se convirtiera en una película?

20. ¿Qué secciones cortaría?

21. ¿A quién elegiría para interpretar a los personajes principales?

22. Si el libro ya es una película, ¿Estás contento con la representación? ¿Prefiere el libro o la película?

23. ¿Cómo se compara este libro con otros libros que ha leído?

24. ¿Le gustó más o menos que otros libros del mismo género?

25. ¿El libro es diferente de alguna manera de los libros que suele leer?

26. ¿Cómo le cambió este libro?

27. ¿Se siente diferente ahora que antes de leerlo?

28. ¿Tiene una nueva perspectiva como resultado de la lectura de este libro?

29. ¿Aprendió algo que no sabía antes?

30. ¿Ha cambiado esta lectura su actitud o comportamiento?

https://www.book-club-guide.com/book-club-discussion-questions.html

https://www.bustle.com/articles/167822-13-general-book-club-questions-for-any-kind-of-discussion

https://wondermomwannabe.com/book-club-questions/